AF185882

Tucholsky Wagner Zola Scott Sydow Freud Schlegel
Turgenev Wallace Fonatne
Twain Walther von der Vogelweide Fouqué Friedrich II. von Preußen
Weber Freiligrath Frey
Fechner Fichte Weiße Rose von Fallersleben Kant Ernst Richthofen Frommel
Engels Fielding Hölderlin
Fehrs Faber Flaubert Eichendorff Tacitus Dumas
Feuerbach Maximilian I. von Habsburg Fock Eliasberg Zweig Ebner Eschenbach
Ewald Eliot Vergil
Goethe London
Mendelssohn Balzac Shakespeare Elisabeth von Österreich Dostojewski Ganghofer
Lichtenberg Rathenau Doyle Gjellerup
Trackl Stevenson Hambruch
Mommsen Tolstoi Lenz Hanrieder Droste-Hülshoff
Thoma von Arnim
Dach Verne Hägele Hauff Humboldt
Reuter Rousseau Hagen Hauptmann Gautier
Karrillon Garschin Baudelaire
Damaschke Defoe Hebbel
Descartes Hegel Kussmaul Herder
Wolfram von Eschenbach Dickens Schopenhauer Rilke George
Darwin Melville Grimm Jerome Bebel Proust
Bronner Campe Horváth Aristoteles
Bismarck Vigny Barlach Voltaire Federer Herodot
Gengenbach Heine
Storm Casanova Tersteegen Gilm Grillparzer Georgy
Chamberlain Lessing Langbein Gryphius
Brentano Lafontaine
Strachwitz Claudius Schiller Kralik Iffland Sokrates
Katharina II. von Rußland Bellamy Schilling
Gerstäcker Raabe Gibbon Tschechow
Löns Hesse Hoffmann Gogol Wilde Gleim Vulpius
Luther Heym Hofmannsthal Klee Hölty Morgenstern
Roth Heyse Klopstock Kleist Goedicke
Luxemburg Puschkin Homer Mörike Musil
La Roche Horaz
Machiavelli Kierkegaard Kraft Kraus
Navarra Aurel Musset Lamprecht Kind Kirchhoff Hugo Moltke
Nestroy Marie de France
Laotse Ipsen Liebknecht
Nietzsche Nansen Ringelnatz
Marx Lassalle Gorki Klett Leibniz
von Ossietzky May Irving
vom Stein Lawrence
Petalozzi Knigge
Platon Pückler Michelangelo Kock Kafka
Sachs Poe Liebermann Korolenko
de Sade Praetorius Mistral Zetkin

Der Verlag tredition aus Hamburg veröffentlicht in der Reihe **TREDITION CLASSICS** Werke aus mehr als zwei Jahrtausenden. Diese waren zu einem Großteil vergriffen oder nur noch antiquarisch erhältlich.

Symbolfigur für **TREDITION CLASSICS** ist Johannes Gutenberg (1400 — 1468), der Erfinder des Buchdrucks mit Metalllettern und der Druckerpresse.

Mit der Buchreihe **TREDITION CLASSICS** verfolgt tredition das Ziel, tausende Klassiker der Weltliteratur verschiedener Sprachen wieder als gedruckte Bücher aufzulegen – und das weltweit!

Die Buchreihe dient zur Bewahrung der Literatur und Förderung der Kultur. Sie trägt so dazu bei, dass viele tausend Werke nicht in Vergessenheit geraten.

Vom Baum der Erkenntniß

Denksprüche

Karl Gutzkow

Impressum

Autor: Karl Gutzkow

Umschlagkonzept: toepferschumann, Berlin

Verlag: tredition GmbH, Hamburg
ISBN: 978-3-8424-9019-2
Printed in Germany

Karl Gutzkow

Vom Baum der Erkenntniß

Denksprüche

1869

Ist ›todt‹ und ›grau‹ all unser Denkbemüh'n
›Des Lebens goldner Baum‹ allein nur ›grün‹
So heisst er ›golden‹ nur der Früchte willen,
›Grün‹ um die Blätter, die die Frucht verhüllen.

Kann hier ich auch nur Blatt um Blatt Dir zeigen –
(Manch welkes drunter, trauernd an den Zweigen!)
So hoff' ich doch, dass du im Laub entfernte
Goldschimmer ein'ge siehst – vom Tag der Ernte.

Gott

Nie wirst du in die leere Luft verzweifelnde Gebete entsenden und Bitten an das allwaltende Geschick richten um Abwendungen und glückliche Ausgänge, wenn du dich früh gewöhnt hast, die natürliche Folgerichtigkeit aller deiner Handlungen als eines der ersten Attribute der Gottheit, ja als die waltende Gottheit selbst zu erkennen.

Die Liebe Gottes dürfen wir doch wol besonders darin finden, daß sie uns wenn nicht befiehlt, doch verzeiht, wenn wir nach den Gesetzen der Natur leben.

Daß man beten soll, ist vorzugsweise Dem gesagt, der nicht weiß, wie er es anzufangen hat, sich irgendwie gegenständlich zu werden.

Suche dich auszuzeichnen und hervorzutreten mit allen Regungen und Schwingungen deiner Seele, nur nicht mit denen, die dich gen Himmel tragen sollen.

Die Disharmonie der Welt liegt nur in unserer Anschauung.

Mit dem Verhalten zur Verschiedenartigkeit der Religionen ist es leider wie mit dem Familiensinn, der seine eigenen Kinder wunderbar schön findet, während sie andern nicht selten häßlich erscheinen. Lehren und auseinandersetzen läßt sich da nichts. Jeder hat seine eigene, ihm nur allein verständliche Stimmung.

Uebereinstimmung verlange in der Liebe, nicht im Glauben.

Erst, wenn du dich kleiner als das Atom eines Sonnenstäubchens fühlst, ahnst du Gott. Am wenigsten, wenn du dich als sogenannten Halbgott fühlst.

Gebundenheit ist die Wurzel der Religion, Hingebung ihre Blüthe.

Mit den zunehmenden Jahren verwandelt sich unser religiöser Glaube mehr und mehr in Fatalismus. Nicht in jenen blindgläubigen, dem Zufall sich anheimgebenden, sondern in die Ueberzeugung von einem im Menschenleben waltenden Gesetz der Stetigkeit. Wer auf sein verflossenes Dasein zurückblickt, wird eine Hand entdecken, die in das Chaos unserer Erlebnisse Harmonie bringen wollte und schon mannigfach gebracht hat. Jede Ausschreitung fand ihre Strafe, jede Ungebühr rächte sich, auf Nacht folgte Licht, auf allzu reiche Freude wie auf die gehobene Welle die sich senkende des Leids. Das Erkennen dieser Regelmäßigkeit in den Ausgleichungen, das Nachfühlen des Sichwiederholens der stetigen und symmetrischen Gesetze unseres Lebens wird dann zuletzt die einzige Richtschnur unseres Handelns, mäßigt unsere Wünsche, zügelt unsere Leidenschaften, stärkt und belebt unsere Hoffnung.

Der Astronom Laplace wollte unter seinen Sternen nur Mathematik, nicht Gott gefunden haben. Als wenn nicht sogar unser Glaube an die Richtigkeit der Elemente des Euklid nur ein Offenbarungsglaube wäre! –

Eigentlich sollte ich mich schämen, Gott mit meiner Person zu behelligen. Aber seltsam, ich fühle, daß sich Gott mit mir beschäftigt.

Zu den Beweisen für die Unsterblichkeit der Seele rechne doch nicht den, daß es eine jenseitige Welt geben müßte, wo die Ungerechtigkeiten der diesseitigen ausgeglichen würden. An dieser Seite der irdischen Unvollkommenheit trägt doch Gott keine Schuld.

Ich weiß, warum du orthodox bist und mit den Frömmlern gehst! Dir fehlt die wahre Bildung. Da kennst du deinen Schaden, aber deine Eitelkeit kann die Beschämung nicht ertragen, unbedeutend zu erscheinen. So tritt die Kirche und ihr fanatisch behauptetes Recht für deine Einfalt ein und entlastet dich deiner Unwissenheit – ! Und zum Ueberfluß kannst du bei solcher Armseligkeit, wie einmal unsere politisch-sociale Lage ist, statt zu dienen, noch herrschen und auftrumpfen. Indessen Letzteres wol nur noch auf eine gemessene Frist.

Ein trauriger Anblick – die Sonntagsleere einer Kirche und ein Brunnen, der kein Wasser mehr gibt – !

Wo eine Kirche nur zu den geduldeten gehört, wie die protestantische in Italien, die katholische in Rußland, ist es für die ihr Angehörigen einfach malhonett, ohne äußere Veranlassung bei ihren gottesdienstlichen Versammlungen zu fehlen.

Es gibt ein berechtigtes Zweifeln, woraus sich das Größte erschafft. Es gibt aber auch ein Zweifeln, mit dessen ewig zweckloser, immer nur reflektirender Ohnmacht du dir deine sittliche Kraft verringerst.

Wenn uns der Zweifel beschleicht, daß unsere Ahnungen über die Natur und Größe Gottes nur Täuschungen gewesen, so erhebe uns der Gedanke, daß es doch sicher keine Täuschungen waren über die unergründliche Tiefe des Menschengeistes.

Ueber die Priester sollen wir fühlen wie Voltaire: über die Religion selbst wie Fénélon.

Die Meinungen, die man dir als Religion aufdrängt, abzulehnen, das eben sei deine Religion.

Schon seit Jahren ein geliebtes Wesen im Schooße der Erde zu wissen, das am Gang unseres Lebens, aber auch am allgemeinen Gang der Menschheit Antheil genommen und an jedem die Welt bewegenden Ereigniß wie mit allen Fasern des Herzens hing – Gedanken, die sich an diesen Schmerz, an diese Rührung anknüpfen, sprechen mehr für die Unsterblichkeit der Seele, als Beweise der Philosophie. Nicht das, daß uns da noch die geliebte Gestalt, gerade so wie sie gewesen, in derselben Frische der Erscheinung, oft noch wie gegenwärtig unter uns zu wandeln scheint, daß sie Kinder, die sie verlassen mußte, Eltern, denen sie durch ihr Scheiden das Herz brach, wie ein schützender Genius umschwebt (das Ohr des Geistes hört das sanfte Wehen ihres Flügelschlages, aber die Einbildungskraft und die Sehnsucht können sich täuschen), nein, ihr Einmalgelebthaben, ihr Miteingegriffenhaben in die Welt, das hat der Erde, die sie verlassen mußten, unzerstörbare Spuren eingegraben, wie sich Pflanzen im noch flüssigen Gestein der Erdbildung abdrückten. Diesen Merkzeichen einer Vergangenheit, die in unsern Todten ruht, begegnen wir noch überall: wir, die Ueberlebenden, müssen, was uns auch begegnet, immer wieder an sie anknüpfen und – blickten wir nur in die alten vergilbten Briefe, die uns von eines Todten Hand zurückgeblieben sind. Wie frisch ist ihre Sprache, wie unmittelbar gegenwärtig die Laune, die darin lacht, wie unsterblich ihre scherzende glückliche Sorglosigkeit! Wie sich nun freilich das, was in uns so sichergestaltet fortlebt, auch im Allgemeinen erhalten und dem Todten bewußt geblieben sein soll, wissen wir nicht. Das aber dürfen wir zu wissen glauben, daß für die Lebenden nichts in der Zeit geschehen kann, das nicht auch irgendwie noch den Todten gehört. Oder sollte Christus nie erfahren haben, was daraus entstanden, daß er am Kreuz gelitten hat – ?

Es ist so wunderbar, wie ein Pulsschlag Zeit nach dem andern durch die Welt zuckt, das ganze All berührt und dann geräuschlos in die geheimnißvolle, unergründliche Tiefe der Ewigkeit dahinsinkt! Und dann – wie wunderbar wieder unser Drang, dahin zu streben, daß der elektrische, ewig thätige Strom wie selbstbewußt auch unser eignes Leben, unsere eigene Brust mitdurchzittert!

Sagt uns doch nicht, daß wir das irdische Glück verachten sollen! Es gibt ja keine Ahnung von künftigen, irgendwie erdenklichen Himmelswonnen, die sich nicht an etwas anknüpften, was wir hienieden kennen, hienieden vorempfinden, hienieden genießen, verlieren, schmerzlich vermissen lernten.

In meiner frühsten Kindheit hatt' ich Gefühle, die mich durchbebten, wunderbarer und erhabener, als sie mir je eine spätere Wirklichkeit bieten konnte. Sicher werden es solche Gefühle sein, die uns wieder beim Nahen des Todes befallen.

Warum schwinden dem Alter die Jahre wie Stunden? Der Nachen des Lebens gleitet auf der Woge der Zeit wie von selbst hinunter. Das Ruder der Hoffnung war es, das uns erlaubte, seine Bewegungen zu regeln, die Stunde zu beflügeln oder zu hemmen, den Augenblick zu genießen wie die Ewigkeit. Das Alter legt dieß Ruder aus der Hand. Es hofft nicht mehr und darum gleitet pfeilgeschwind der Nachen dem Hafen zu. Nun fragt sich, was besser ist, dieß schnell abrollende Ende oder ein Ende, das noch bis zum letzten Augenblick – Enttäuschungen bietet. Die Wahl wird von deinem Glauben abhängen, den du vom Jenseits hegst.

Der Trost, den im Unglück die Natur gewährt, liegt in diesem so sanft auf uns ausgeübten Hinüberziehen ihres stillberedsamen Waltens aus Menschensphären in die allgemeine, unsichtbare Wesensphäre. Was ist denn da noch das persönliche Menschenleid – in diesem allgemeinen Wechseln, Steigen, Fallen, Sterbenmüssen und Sichwiedererneuern! Und so wunderbar reich ein Geist sein mag, auch ihn nivellirt die Natur.

Das Gefühl, im Leben so viele Umwege gemacht, so viele nutzlosen Dinge verfolgt, so viele verfehlten Absichten und Zwecke betrieben zu haben, ist wol am Abend unserer Tage eines der allerschmerzlichsten, die uns heimsuchen können. Und dennoch liegt auch in ihm, sinnt man ihm nur tiefer nach, eine trostreiche Verheißung.

Unser Leben ist ein Versuch zur Unsterblichkeit.

Die Seele ist wie die Luft. Niemand sieht sie und dennoch kann sie der Physiker wägen.

Das fühlen wir unwiderleglich, die Bestimmung des Menschen fällt nicht zusammen mit dem Zweck dieser Erde.

Erhebe es dich, wenn du den Tempel der Natur betrittst, daß du überall das Streben nach Gesetz und Ordnung erblickst! Bunt und mannigfach sind die Erscheinungen, aber ein einiges Wesen ist es, dem jedes Blatt, jede Blume, jeder Ruf eines Thieres, jede todt liegende Steinmasse entgegen zu drängen scheint. Es ist Kunst der Naturbetrachtung und Folge der allmähligeren und reiferen Vertrautheit mit ihrem Leben, sofort den Blick auf die Einheit der Erscheinungen in ihrer Mannigfaltigkeit, auf das Dauernde im Wechsel zu richten. »Tretet ein, auch hier wohnen Götter!« sagte ein Spruch des Alterthums.

Ob die Welt nun doch bald allgemein glauben wird, daß all unser Denken und Wollen nur Fleisch und Blut, Sauerstoff, Phosphor, mit einem Worte Stoff ist, darüber sollten wir eigentlich nicht zu empfindlich werden. Wird es doch eben von der Menschheit in der unermeßlichen Fülle ihres Lebens, ihrer Handlungen, ihrer Meinungen und Gedanken nicht geglaubt. Es kann aber einen Mittelweg geben zwischen Verehrung vor den neuen Fortschritten der Naturwissenschaft und unbedingter Anhänglichkeit an die alten Meinungen: einen Mittelweg, der von keiner Halbheit kommt und zu keiner Halbheit führt, sondern von und zu der Ueberzeugung, daß zuletzt auch zur reinen Stoffgläubigkeit fast eben so viel – Idealismus gehört wie zur alten supernaturalen Geistgläubigkeit.

Vielen Beweisführungen der Kraft- und Stofflehre steht unser natürliches Bewußtsein gerade so gegenüber, wie wenn jemand unsere Bewegung läugnen wollte. Wir lassen ihn disputiren und – gehen eben. Der Weg von den Geheimnissen der Blutbereitung im Menschen bis zur Denkkraft eines Spinoza, von dem in einem trepanirten Frosch beobachteten Gehirnleben bis zu den großen enthusiastischen Thaten der Geschichte ist ein so weiter und gleicht so sehr den Milliarden von Meilen, die zwischen den Sternen liegen, daß man, ihm nachforschend, auf den Zwischenstationen bald ermüden würde und besser thut, sich an die beiden äußersten Pole, die alten Faktoren des Daseins, Materie und Geist, zu halten – mag allerdings auch in einem Totalbegriff, in der Idee Gottes, ihre Einheit liegen.

Gibt es ein Jenseits und sehen wir uns dereinst wieder? Was sagen Naturwissenschaft und Philosophie zu dem Glauben der Religion und zu den bunten, mit den Farben der Phantasie geschmückten Vorstellungen der Dichtkunst – ? Wer Jean Pauls »Selina« gelesen hat, der lebte wol schon als eine vom irdischen Stoff entfesselte Seele, vorgenießend, im Aetherreich einer jenseitigen Existenz. Die Mutter sieht da ihr Kind, das sie dem unerbittlichen Tode mit Verzweiflung preisgeben mußte, in den Auen der Seligen wieder. Herzen, die Jahre lang neben einander schlugen und des Lebens ernste Prüfungen bis zum Augenblick der unerbittlichen Naturnothwendigkeit treu überstanden, trennen sich nur auf kurze Zeit, um sich mit verklärten Leibern in einer schönern Welt ewiger Vereinigung wieder zu begrüßen. Der Freund findet den Freund, treue Kindesliebe findet die Eltern, Liebende, die mitten in der Rosenzeit ihrer Neigungen des Lebens schönste Blüthen von der Hippe des Todes hinweggeschnitten sehen mußten, feiern im Reich der Sphären, unter Jubelchören der Engelwelt, nach kurzer Trennung ein Wiedersehen...

Schöner Glaube, dem immer ernster und ernster die Anfechtung der Wissenschaft droht. Was schon die Philosophie aller Zeiten gegen diese für eine Geisterwelt die Vorstellungen der sinnlichen entlehnenden Hoffnungen einwenden mußte und eingewendet hat, das ist der reiferen Bildung bekannt. Aber noch in größere Kreise hat sich seit dem Studium der Naturwissenschaften die Botschaft verbreitet, daß allen diesen Vorstellungen nur ein Wahn zum Grunde liegen solle. Und setzen wir die Naturwissenschaft selbst deßhalb nicht herab! Sie hat uns von Vorurtheilen befreit. Sie hat der Menschheit so vielfache Bedrängnisse genommen. Zürnen wir ihr nicht, wenn schon immer weiter die Vorstellung um sich greift, daß der Mensch wie alles Uebrige wäre, was da lebte, nur der Ueber- und der Durchgang eines nach Gestaltung ringenden höhern

Naturgesetzes. Ja, sie lehrt, daß unser Geist der Flamme gliche, die für sich keine Selbstständigkeit hätte, wenn sie nicht auf und in einem brennbaren Stoffe loderte. Sie lehrt, daß unser Leben nur irgend einen uns unbekannten Zweck des allgemeinen einzigen Gottes, der Natur, erfüllt. Sie nennt dieß Dasein des Menschen auf der Erde eine Blüthe, eine wunderbar duftende Blüthe, unser Denken eine Fülle von Träumen und Sinneseingebungen, unser Glauben, Hoffen, ja unsere ganze Geschichte einen conventionell gewordenen, schon aus vorsündfluthlichen Zeiten stammenden Irrthum und in die Sinnenschranke bliebe ewig unser Geist gebannt, und was von uns, wenn die Erde unsern Leib wieder aufgenommen, einzig nicht verwese, das wäre der materielle Staub, die Asche, die zu neuer Erde würde und von neuen Bildungen der Natur neue irdische Gestaltung gewönne....

Auf tausend Herzen lastet diese furchtbare Vorstellung wie der Druck der Verzweiflung. Das Leben, das sich ihnen doch eigentlich bei solchem Glauben an Reiz steigern sollte, verliert daran. Wenn unser Leben keinen Zweck mehr für uns selbst hat, wenn wir nur die Stufen eines über uns hinwegschreitenden Naturgesetzes sind, Asche und Staub für neue Bildungen, an denen das lebendige, volle, uns in diesem Augenblick so kräftig hebende Bewußtsein unserer selbst keinen Theil hätte, wenn das Erinnern verloren ginge, was soll uns da noch das Leben? Dann sind wir Gekerkerte, eingeschlossene Büßer einer unbekannten Schuld, dann ist die Sonne uns verfinstert, die Erde uns so dunkel wie das Grab.

Aber schon hat sich die Naturwissenschaft selbst gegen die zu weit gehenden Schlußfolgerungen aus ihren Behauptungen erhoben. Sie hat zugestanden, daß sie nur die Theile in der Hand hat, nicht das geistige Band. Wie wird denn doch zuletzt aus einer Knospe Blüthe? Wie entsteht die bunte Farbe? Wie der Duft? Beschreibung – wahrlich! ist noch nicht Erklärung! Man mag Gesetze gefunden haben, aber der Geber derselben, die Notwendigkeit der Entwickelung vom Keime bis zur Blüthe, blieb verhüllt. Schon sind Magnetismus und Elektricität die Führer aus dem Reich der Materie in das des Geistes geworden. Noch sicherer geleitet uns die moralische Welt. Wie verirrte sich, fragen wir, der Begriff der moralischen Welt in die flimmernd rotirenden Bewegungen unserer Gehirnnerven? Und auch der Begriff des Guten wäre nur ein urweltlicher Pflanzenabdruck in dem weichen Brei unserer Vorstellungen?

Nein, einstweilen wollen wir denken: Was die Gestirne sind, das wissen wir nicht! daß sie aber sind, das sehen wir. Hienieden scheint der einzelne Mensch an sich nichts, aber fehlen kann nicht der geringste, wenn die Menschheit im Ganzen gelten soll. Die Erde ist für den Menschen da, der Mensch nicht für die Erde. Noch weniger deckt den vollen Zweck der Menschheit der Zweck der Erde...

Höher hinauf läßt sich die Gedankenleiter vielleicht nicht klimmen. Aber sie führt zu einer offenen Pforte. Will sich Jeder das, was er von der Schwelle derselben aus wahrzunehmen glaubt, nach seinem Bedürfniß ausmalen, so magst – du es thun mit den schon so scharf umrissenen, farbenprangenden Bildern deiner liebevollsten Sehnsucht – ich thue es mit den allerdings nur noch grauen Umrissen anderer Ahnungen und anderer Träume – aber im Glauben an ein Jenseits sind wir Eins.

Eine große Erhebung liegt in der Entdeckung, die man beim Studium des Culturgrades aller Völker macht, daß die Begriffe von dem, was allein dem Menschen seinen wahren Adel und Schmuck verleiht, zu allen Zeiten und unter allen Zonen dieselben gewesen sind, noch sind und auch wol ewig bleiben werden. Die Menschheit ist ein Baum, der mit millionenfachen Aesten gen Himmel strebt.

Weltlauf.

Positives Glück gibt es auf Erden nicht. Irdisches Glück heißt – : Das Unglück besucht uns nicht zu regelmäßig.

Nichts wird in der Natur dir wahrhaft schön erscheinen, wenn dir nicht zugleich eine geistige Beleuchtung darauf fällt.

Wir träumen öfters das, was wir fürchten; seltner das, was wir hoffen. Das Glück aber, das uns im Traum bescheert wird, ist gewöhnlich eine jener lächerlichen Ueberraschungen mit Annehmlichkeiten, an welche wir am allerwenigsten noch gedacht hatten, oder die Erfüllung eines jener uralten Wünsche, die wir längst, längst schon zu den Todten legten.

Der Dichter sagt: »Was du in der Jugend begehrst, hast du im Alter die Fülle!« Meinte Goethe damit die süßen Schauer deiner ersten idealen Wünsche? Deine träumerischen Hoffnungen auf den Sieg und das Recht der wahren Menschengröße? Mit nichten – ! Er meinte, das Alter bringt dir solche Erfüllungen, die dich nicht mehr beglücken. Unter den hochgethürmten Aschenhügeln des Alters glimmt und glüht es von weitaus andern Dingen, die du dir, wenn du den Werth, den sie künftig für dich haben sollten, geahnt hättest, in der Jugend viellieber gewünscht haben würdest.

Gib mir, o Gott, Weisheit aus Erfahrung und aus – bittersten Leiden! Nur gib mir die größere nicht – aus Vergehen und Schuld!

Im Unglück tröstet nur die Gewöhnung an den ganzen, unverkürzten, durch nichts gemilderten oder weggeläugneten Umfang der schmerzlichen Thatsache selbst. Darum tröstet auch nur der, der mitfühlt, nicht der, der uns durch sogenannte Trostgründe erheben will.

Seltsam, was wir in späteren Jahren Frohes und Glückliches erleben, das erinnert uns nur zu bald an schönere Stunden, die wir schon erlebt haben, und wir legen's – zum Uebrigen. Aerger aber und Verdruß, die sind uns immer vollständig neu, kommen uns ganz unerhört und haben keine Analogie im all schon verwundenen Aerger und Verdruß der Vergangenheit.

Ihr Verstandesmenschen, ja, eure Weisheit blieb über die Gemüthsnaturen, die euch an Tiefe und Bedeutung weit überlegen waren, zuletzt siegreich! Ihr habt sie erdrückt, ihr habt sie beseitigt. Aber nach Jahren vergleiche Einer die Thaten, die von Jenen und die, die von Euch zeugen! Wie stehen da die siegreichen Handlungen der Kaltvernünftigen so welk und entblättert, während aus den Irrthümern, aus den Niederlagen des Gemüthes wie über Trümmern ein unverwelklicher Frühling emporragt.

Wie wenig bedarfst du, wenn du unglücklich bist! Unersättlich macht dich nur das Glück.

Willst du dir den abendlichen Frieden deines Lebens sichern, so ruf' deine Fahrzeuge zeitig vom hohen Meere heim! Wirf die Netze des Erfolgs nur noch am nächsten Ufer aus!

Ich entschuldige die kalte Handlungsweise und den Mangel an Aufopferung manches Egoisten dadurch, daß ich mir denke, er hat wol ein vorahnendes Grauen, wie tiefe Wunden – Undankbarkeit schlägt.

Im Alter nimmt nicht die Fülle der Ideen ab, nur die Lust, sie auszusprechen.

Seid doch wach und zum Besuch der Gottheit gerüstet zu jeder Stunde! Weihestunden gibt es ja, wo wir Ueberirdisches zu empfinden wähnen und wo wir auch unser Bestes im Schaffen, im Denken, Fühlen und Handeln hervorbringen. Selten freilich werden solche Weihestunden diejenigen, auf welche wir uns erst mit der Erwartung, daß sie feierliche und weihevolle werden sollten, umständlich vorbereiteten.

Wir besitzen Schätze, die wir viel zu selten mustern und wären's nur – Kleinigkeiten, wie die Fähigkeit, eine Frühlingsnacht zu empfinden.

Wird Liebe zur Leidenschaft, so ist ihr bekanntlich nichts so peinlich, als für die lodernde Flamme nicht immer neue Nahrung zu haben. Aber auch dem Haß geht es so. Auch der kann verzweifeln, wenn er nicht immer neue Nahrung findet, Veranlassungen, die sein Vorhandensein rechtfertigen sollen. Nichts macht ihn dann ergrimmter, als ohne Reizung in und an sich selbst ersticken zu sollen.

Es ist eine oft vorkommende Erscheinung, daß Gemüthsmenschen für Verstandesmenschen und Verstandesmenschen für Gemüthsmenschen genommen werden. Das Mißverständniß entsteht daraus, daß der Gemüthsmensch fürchtet, in der Welt, wie sie nun einmal ist, mit seinem Gemüth nicht auszukommen. Dadurch wird er immer geneigt sein, seinen Verstand, soviel er davon eben besitzt, in lebhafteste Thätigkeit zu versetzen. Er setzt ihn aus Angst in Thätigkeit und bei oberflächlicher Beurtheilung kann er sogar als ein Dialektiker und Sophist erscheinen. Verstandesmenschen dagegen wirken um deßwillen oft wie gleichsam gemüthliche, weil sie sich vor den Gefahren des Gemüths vollkommen sicher wissen. Wehe jedoch dem, der dieser gemüthlich behaglichen Ruhe, diesem Gemüth der Verstandesmenschen allzusehr vertraut! Sie können dein innerstes Herz schon in Stücke gerissen haben und dich mit Lächeln verenden sehen, während ihre erste Cigarre noch nicht ausgeraucht ist.

Schreibe das, was du dir bei Andern als Mangel an Wertschätzung deutest und was dich oft so von Herzen bekümmern kann, in der Regel lieber auf die so weit unter den Menschen verbreitete Untugend der – Trägheit.

Mit deinem Glauben an die Menschen halte dich aufrecht, wenn sie dich auch hundertmal betrogen hätten. Denke dir, wenn dir je ein Freund zu Theil werden könnte, für den du das Erkennen verlernt hättest!

Wir schwachen Menschen leben lieber von den Vorschüssen, die wir der Zukunft abborgen, als von den zwar mäßigen, aber sichern Renten der Vergangenheit.

Hüte dich vor dem Ausfallenlassen der Tage! Die Zwischentage zwischen den im Kalender rothangestrichenen Tagen, die irgend einer Hoffnung, einer Erwartung, einer Freude gelten, bringt dir kein Gott wieder zurück.

Es gibt Menschen, die immer die Principien ihres Wesens erläutern, immer von den Gründen ihres Handelns sprechen. Und gerade sie sind die schwächsten. Bäume, von denen allmälig die Wurzeln ihres Stammes ans Tageslicht kommen, erliegen dem nächsten Sturm.

Ein Geheimniß nicht nur der Chemie, sondern des ganzen Lebens ist, aus Kohle Diamanten zu schaffen.

Ein jedes Glück ist demjenigen vergänglich, der nicht in sich selbst den Himmel trägt und schon aus sich allein die Quellen strömen läßt, die seinen Durst nach Seligkeiten stillen.

Wir sehen, wie in einem durchsichtigen himmelblau klaren See, die verlornen Tage der Vergangenheit schimmern. Ach, die glänzende Klarheit täuscht über die Erreichbarkeit der Tiefe – !

Beruhige dich doch! Allerdings darfst du annehmen, daß dich die Welt nicht ganz so hoch anschlägt, wie du dir, wenn du übermüthig bist, selbst erscheinst, aber sie schlägt dich auch nicht ganz so gering an, wie du dir selbst erscheinst, wenn du verzagst.

Ein Weiheaugenblick, zu entdecken, daß unser Leben im Herzen eines Freundes gebucht wurde, daß bei ihm Dinge, Handlungen und Aeußerungen verzeichnet blieben, an die wir uns selbst, im Drang des Weiterlebenmüssens, kaum noch würden erinnert haben.

Das Meer ist salzig wie die Thräne, die Thräne ist salzig wie das Meer. Das Meer und die Thräne sind sich durch die Einsamkeit verwandt. Das Meer hat sie schon, die Thräne sucht sie.

Wie nur diejenigen Wunden heilen, die man ausbluten läßt, so verwindet man auch nur diejenigen schmerzlichen Erfahrungen, die man sich nicht wegläugnet und in ihren Folgen ganz auskostet, ohne sich daran etwas zu mildern oder zu beschönigen.

Welchem Alter gehört die Herrschaft der Welt? Dem Lebensalter von fünfzig Jahren. Es mögen Perioden kommen, wo die Zwanziger, die Dreißiger, Vierziger regieren; aber immer wieder drängt die Geschichte darauf hin, daß ihnen das Ruder der Dinge entwunden wird und sich die Besitztümer, die Erfolge, Meinungen und Ueberzeugungen nach den Interessen und Stimmungen derjenigen Menschenrasse regeln, die fünfzig Jahre alt und – voraussätzlich weise geworden ist.

Nur der Jugend steht die Thorheit an. Dem Alter steht Alles so, wie es ist, oder – noch schlimmer.

Ein ganzes Unglück verdrießt uns nicht so sehr, wie ein nur zur Hälfte eingetroffenes Glück.

Wer immer getäuscht wurde und immer noch hofft, ist entweder ein Narr oder ein Engel.

An das Entbehren kann sich der Mensch in solchem Grade gewöhnen, daß ihm sogar der erste Lichtblick eines neuen Glücks fremdartig und unzugänglich wird.

In Augenblicken übersprudelnder Freude sind wir für die Verdrießlichkeiten des Alltagslebens am allerempfindlichsten.

Grauenhaft ist das Bewußtwerden unsrer irdisch beschränkten und thierischen Natur, wenn viele Menschen in einem und demselben Augenblick einer gleichen Gefahr ausgesetzt sind. Der einzige gräßliche Schrei beim Zusammenbrechen einer von hundert Menschen bestandenen Estrade, das Umschlagen eines zu stark bemannten Bootes, oder das gemeinsame sorglose und doch gefahrvolle Schlafen bei einer nächtlichen Eisenbahnfahrt, die Seekrankheit auf einem Schiffe und ähnliche gemeinsame und gleichbedingte Erlebnisse machen uns in dem Grade zu einer wenn auch etwas höher organisirten Thiergattung, daß auf Augenblicke unsere kühnsten Einbildungen vom Werth unseres Daseins zerstört werden können.

Leider läßt der rechte Augenblick meistentheils so lange auf sich warten, daß wir von all unserer Aufmerksamkeit bereits ermüdet sind, wenn er endlich wirklich eintrifft.

Scheint es manchmal, als wenn wir uns förmlich beeiferten, uns unglücklich zu machen, so möchte man fast annehmen, wir ahnten den Werth des Unglücks für unser besseres Selbst.

Der Himmel verhängt nicht immer Widerwärtigkeiten über uns, um uns zu demüthigen, sondern auch, um uns stolz zu machen.

In den Schwankungen des Lebens hältst du dich nur aufrecht, wenn du für jede und alle Lagen deinen Schwerpunkt in Wahrheit und Gerechtigkeit suchst.

Wenn ihr nur wüßtet, wie wohl wir hinter dem, was ihr an uns lobt, euern Tadel erkennen!

Ein alter Gesangbuchvers räth uns an, so zu leben, wie wir, wenn wir sterben, wünschen würden, gelebt zu haben. Man kann dem Spruch auch die Anwendung geben: Lebe mit jedem Menschen so, wie du, wenn er stirbt, wünschen wirst, mit ihm gelebt zu haben!

Denke zuweilen darüber nach: Wer wird wol einst deinem Sarge folgen? Wer wird wol einst geneigt sein, für dein Grab einen Kranz zu winden?

Bleiben wird von uns nur das, was wir dem Allgemeinen geweiht.

Nicht mit dem scheidenden Herbst fühlen wir uns älter werden, weit mehr mit dem kommenden Frühling.

Wol sind die Königinnen der Blumenwelt die, die auf der Höhe des Frühlings blühen, Maiblume, Jasmin und Rose. Aber auch am noch gefrornen Fenster dem schlanken Wuchs der über dem Wasserglase schwebenden Hyacinthe, dem Krokus, der noch aus dem Schneegefild heraus sein buntes Glockenköpfchen heben muß, zu lauschen, es kann über die Wonnen der Rosenzeit gehen. Erinnerung, Sehnsucht, Hoffnung sind die Begleiter der ersten Frühlingsboten und Sehnsucht beglückt oft mehr als Besitz.

Wir können uns in spätern Jahren vieler und oft wunderbar vereinzelter Dinge erinnern, die unser Emporkommen betrafen; allein das eigentliche Entwickeln und Wachsen unseres Wesens können wir vollständig nicht übersehen. Die Krone des Baums sieht wol auf ihre Zweige herab, aber nicht auf den Stamm. Deßhalb sind alle Selbstbiographieen, auch die strengsten und gewissenhaftesten, unvollständig.

Ist dein Ehrgeiz ein so brennender, daß du für jede einzelne kleine Niederlage durchaus sogleich eine Genugthuung haben willst, so kannst du dir den Lauf deines ganzen Lebens in Frage bringen. Das Schicksal gewährt Schadloshaltungen, selten aber andere als unerwartete. Harre aus – ! Das Schicksal zahlt nicht selten in solchen Fällen das Capital mit sämmtlichen rückständigen Zinsen wieder.

Schon die herbste Prüfung des Charakters ist die, daß man sich, eben als »Charakter«, nicht einmal soll umsehen dürfen, wenn Gassenbuben nach uns mit Steinen werfen.

Willst du dich in deinen alten Tagen vor Leid bewahren, so gib, wenn es irgend in deiner Kraft liegt, jede Unternehmung auf, deren Erfolg außer von dir noch von Andern oder von einer besondern Gunst des Schicksals abhängt. Auch ohne diesen äußern Grund sollten wir uns viel öfter, als wir thun, ein Geständniß über das machen, was unsere Kraft noch in ihrer vollen Gewalt hat und was nicht.

Wenn es uns schlecht geht, werden wir noch immer weit mehr wahres Mit-Leid finden, als wahre Mit-Freude, wenn es uns gut geht.

Die großen Schmerzen des Todes sind darum da, daß wir uns anständigerweise vor dem Tode fürchten dürfen.

Wie die Gestirne sichtbar werden, wenn die Nacht heraufzieht, so zeigt sich des Menschen wahrer Werth erst im Unglück.

Was dir auch begegnen mag im Leben, es soll dir, wenn nicht Alles an die Spitze des Degens, doch Nichts an den Griff kommen.

Habe nur keine Sorge, du bescheidener großer Mann! Haben dich die Menschen einmal anerkannt, so werden sie sich durch alle nur möglichen spätern Einwände von den für sie so drückenden Pflichten der Verehrung bald wieder loszuwinden suchen.

Ein glücklicher Zufall, der aber auch zu glücklich ist, gehört zu den bedenklichen Dingen.

Anerkennung geht in der Regel nur so weit, als sie dazu dient, dem Anerkennenden selbst Relief zu geben.

Von so manchem abgünstigen Urtheil sagt man wol – und manchmal in der Hauptsache mit Recht – es entspränge dem Neide. Wollte man aber der Quelle genauer nachforschen, so würde man finden, daß es nur aus einem unabweislichen Trieb zur Gerechtigkeit entsprang. Wer nun diesen Trieb entweder nicht hat oder ihn mit Vorsicht zu beherrschen versteht, der erfreut sich nicht selten der Auszeichnung, als edel gepriesen zu werden.

Je mehr unser Geist erfährt, desto mehr nimmt er auf. Je mehr unser Herz erfährt, desto mehr muß es hingeben.

Schmerz um die Wunden, die uns die Welt schlug, wird Philosophie, Schmerz um die Wunden, die wir uns selbst schlugen, Poesie.

Jedes Leid, das einen von Nahrungssorgen Gepeinigten trifft, wird ihm noch dreimal größer erscheinen, als an sich schon nöthig gewesen wäre. Nahrungssorgen gleichen den in einem sonst gleichmäßigen Flußbett plötzlich eintretenden Felseneinschnitten, die sofort böse Wirbel und gefährliche Stromschnellen veranlassen. In ihrer beschleunigten Bewegung ziehen sie alles mit sich abwärts.

Wenn sich unedle Naturen endlich entschließen müssen, ihre Verbindlichkeiten zu erfüllen, so pflegen sie gewöhnlich hintennach noch ein Extrastückchen ihres Charakters, irgend etwas Gemeines, als unverlangtes Agio draufzugeben.

Kein Tod ist so tragisch, wie der des Gecken.

Um sich mit den Mängeln dieser Welt auszusöhnen, muß man das Behagen beobachten, wie selbst eine Gruppe des Elends das nächste physische Athmen, das Leben und Weben und Sein in der Luft, die allen zugetheilt ist, genießt. Auch Kranke und Krüppel gewöhnen sich glücklicherweise mit der Zeit, die schwachen Fäden, mit denen sie am Leben hängen, so auszuspinnen, als wären sie vom reinsten Golde. Da will man sagen – die Strafe der ewigen Gefangenschaft wäre härter als die Todesstrafe!

Die Liebe ist uns gegeben, den Tod willkommen zu heißen. Wir gehen so gern, löscht eine Kerze nach der andern aus.

Die letzte Stunde wünsche ich mir nicht zu frühe und wünsche sie mir nicht zu spät.

Nur Begeisterung hilft über die Klippen hinweg, die alle Weisheit der Erde nicht zu umschiffen vermag.

Das innere Gesetz

Wer sich seine Lebensschicksale selbst zu bestimmen weiß, ist in der Regel doch nur ein Egoist.

Das Gefallen an der Lüge schleicht sich beim Menschen unter den mannichfaltigsten Beschönigungen und Entschuldigungen ein. Bald heißt es, die Unwahrheit der andern Menschen zwänge uns, diese ebenso zu bedienen; bald ist sie wol gar nur eine bloße Geistesübung, um die langweilige Anwendung der Wahrheit angenehm zu unterbrechen. Besonders gibt es junge Mädchen und Frauen, die zur Gewöhnung an die Wahrheit erst durch eine herbe Lektion des Schicksals gelangen können. Die Lüge wirbelt sie Tag ein Tag aus, vom Erwachen bis zum Schlafengehen, im immer gleichen Kreise um.

»Wie? Ich sollte mich nicht so geben, wie ich bin?« Gewiß! Prüfe dich aber erst, ob du auch so, wie du bist, sein darfst!

Wir werfen uns zuweilen Fehler vor und gestehen es sogar Andern ein, daß wir deren eine große Anzahl haben. Näher aber betrachtet, haben wir dabei die geheime Absicht, aus diesen sogenannten Fehlern gerade einige unsrer schönsten Tugenden hergeleitet zu sehen. Ach, ich bin so außerordentlich zerstreut, so unordentlich, so vergeßlich! Es soll heißen: Nicht wahr, ich bin eine poetische Natur?

Was du dir Charakter nennst, nenne dir doch viel lieber Trotz!

Die Tugend soll dich glücklich, aber nicht hochmüthig auf dich selbst, am wenigsten neidisch auf Andere machen, neidisch wol gar auf solche, die der Tugendhafte nur zu meiden, zu bemitleiden hat. Oft ist es, als wenn nur darum die Tugendhaften so verdammungssüchtig sind, weil sie sich ärgern über die Annehmlichkeiten, die sie sich um ihrer Tugend willen im Vergleich mit Andern müssen entgehen lassen. Den kirchlichen Zeloten sieht man geradezu den Zorn um die Entbehrungen an, die ihre Scheinheiligkeit ihnen auferlegt.

Wer in seiner Jugend ein starkes Gedächtniß hatte und in seinen spätern Jahren es verliert, der merke wol auf, wie es mit seinem Herzen steht. Denn vielleicht hat nicht der Geist da nachgelassen, sondern nur eine Saite des Herzens. Je stolzer und von sich eingenommener man wird, desto mehr verliert sich jene Innigkeit der Seele, die aufmerkt und behält. Schwaches Gedächtniß kann auch armes Gemüth sein.

Die Kunst des Lebens fängt da an, wo dessen Natürlichkeit aufhört. Doch nur denjenigen Lebenskünstler kann man rühmen, der die spröden Stoffe der Charaktere und Situationen deshalb beherrscht und deshalb vermittelt und an einander sich aufreiben, spielend von sich abgleiten läßt, um zuletzt doch wieder der Natur die Ehre zu geben.

Euripides bezeichnete das unausgesprochene Einverständnis der gesitteten Welt über dasjenige, was der Anstand mit sich bringt, mit dem schönen Ausdruck: »die ungeschmiedeten Ketten der Sitte.«

Wer sich nicht früh gewöhnen wollte, ein noch so kleines, zuviel empfangenes Geldstück zurückzugeben, ein gegebenes Versprechen, obschon uns daran Niemand mehr erinnert, dennoch zu lösen und sich in ähnlicher Strenge gegen sich selbst zu üben, der würde bald auch in größern Dingen verlernen, sich und Andern gerecht zu werden.

Urtheile nicht zu rasch über sogenannte Gemüthlosigkeit! Kannst du es denn wissen, ob jener so kalt und streng erscheinende Mann nicht auch gegen sich selbst mit derselben rauhen Wahrhaftigkeit verfährt, die er gegen Andere übt?

Wir werden immer gut thun, Vorwürfe, die uns wie nur im Scherz gemacht wurden, getrost als im Ernst gemeint hinzunehmen.

Nur wenn wir die Offensive ergreifen, stehen wir in dem Kriege, den wir gegen unsere Leidenschaften führen, als Sieger da. Die Carrikatur dieser Wahrheit waren jene alten Mönche und Heilige, die, um der Sünde widerstehen zu können, diese unmittelbar aufsuchten und sie gleichsam zum Zweikampf herausforderten.

E. M. Arndt wollte den Dämon des Sokrates kurzweg als einen Engel im Geist der Bibel gefaßt sehen. Der Dämon des Sokrates war sein gegenständliches, von allen Rücksichten entblößtes »besseres Selbst,« sein Gewissen.

Wir erschrecken und erstaunen, wir ärgern oder wir freuen uns über viele Dinge nur deshalb, weil es hergebracht ist, über sie erschrecken, erstaunen, sich ärgern oder sich freuen zu sollen.

Der beste Freund, den ein großer Mann finden kann, ist der, der es übernimmt, seine Menschlichkeiten vor der Welt zu decken. Ja, wie wir unsere Untugenden auszuschmücken verstehen! Wir machen aus ihnen sogar Charaktergröße. »Nein, ich kann nicht leiden, daß man sich Schmeicheleien ins Gesicht sagen soll!« Lieber Freund, für die sibirische Kälte und Lieblosigkeit deines Urtheils hast du dir einen glänzenden Namen gefunden.

»Ich bin natürlich – !« Bitte, du hast nur die Unart, alles auszusprechen, was dir über die Zunge läuft.

»Ich bin kein Egoist – !« Nein, aber du hast dir den Egoismus angewöhnt.

Wer immer wieder seine Wunden hartnäckig von selbst aufreißt, verräth, daß er sich vor ihrem allzu schnellen Vernarben nicht sicher glaubt.

Werde dir doch oft das Glück zutheil, daß du dich in einem edeln Motive oder einem nicht gewöhnlichen Charakterzuge, wovon du glaubtest, er wäre dein eigenes tiefstes und nur Gott bekanntes Geheimniß, von irgend einem Herzenskündiger errathen siehst!

Für eine einzige Schuld legt sich ein edler Mensch eine zwanzigfache Strafe auf.

Es ist erstaunlich, wie viele Menschen es verstehen, sich mit wahrem Bienen- oder Bibertalent ihre kleinen, zerstreuten, unendlich weit auseinanderliegenden Verdienstchen zur Berechtigung eines Tempelchens auszubauen, in welchem sie sich einen Cultus der Verehrung zu errichten wissen, als existirte außer ihren eignen Leistungen nichts Anderes in der Welt. Sogar die Gemeinde, die jede Verehrung braucht, wissen sie sich mit bewunderungswürdiger Geschicklichkeit zu pressen.

Manche Wucherer glauben, sie wären keine, wenn sie sich innerhalb der sogleich anfangs von ihnen mit entschiedenster Niedertracht entworfenen Stipulationen außerordentlich streng und gewissenhaft bewegen.

Wir schwachen Menschen finden das nur des Erlangens werth, wornach wir Viele streben sehen – !

Hat man lange in der großen Welt gelebt, so wird man erstaunen, sich eingestehen zu müssen, welche Fortschritte wir ganz wider Willen in der Virtuosität der Unwahrheit gemacht haben. Man huldigt jeder Schwäche, nennt eitle Frauen schön, schmeichelt dem Ehrgeiz der Männer, duldet den Stümper, verschweigt seine Meinung dem Mächtigen. Anfangs war's vielleicht nur ein gewisser Humor, der uns so das Gesellschaftsleben nehmen ließ, das nun einmal, wie wir sagen, nicht zu ändern wäre, dann wurde es Gewohnheit, zuletzt Schwäche. Der Augenblick, wo wir uns, beschämt über eine solche Richtung unsres Innern, die Wahrhaftigkeit zu retten suchen, kann nur dann Erfolg haben, wenn wir zugleich die Kraft und den Muth besitzen, mit einer Gesellschaft, die solche Umgangsformen voraussetzt, für immer zu brechen.

Es ist unglaublich, welche Anstrengungen die Menschen machen, um ihren Mangel an Unternehmung und Muth zu verbergen. So mancher Knabe, der ganz einfach – wir geben dies zur Beherzigung für Erzieher – seine Schüchternheit nicht eingestehen will, gibt, seiner Verlegenheit den Schein des Trotzes, des Eigensinns, ja nicht selten der Roheit. Die Unbeholfenheit erfindet tausend Schleichwege, um hinter dem Zugeständnis; ihres wahren Schadens herumzukommen. Bald prahlt, bald spottet sie, bald wird sie zügellos, bald blasirt, ja sogar scheinbare Tugenden und Pseudo-Charakterbildungen entstehen aus dem einfachen, stillverborgenen Bewußtsein, sich im Leben und Umgang mit den Menschen nicht recht helfen zu können. Von einer großen Bevölkerung, der Berlinischen und sogar der ganzen specifischpreußischen, ist es längst bekannt, daß im Grunde ihr so viel gerügtes, vorwitziges, auftrumpfendes Wesen nur ihren Ursprung hat an der Quelle eines tiefen Gefühls von Unzulänglichkeit und verlegener, sich natürlich für die beanspruchte Stammesgröße nicht schickender Unerfahrenheit.

Die geheime Mischung von – Liebe und Interesse kann kein Scheidekünstler der Welt in ihre Urbestandtheile auflösen.

Es gibt eine Menge Naturen, deren erste und ursprüngliche Regung beim Urtheilen oder Handeln immer eine schlechte ist und die erst durch ein Zweites, durch die Reflexion, den Schein der Güte gewinnen. Wer wäre diesen heuchlerischen Phrasenmenschen nicht schon oft begegnet! Umgekehrte Fälle giebt es aber auch. Rousseau hat von seinem Feinde Voltaire gesagt, daß bei ihm die erste Empfindung immer eine gute gewesen wäre und ihm erst durch Reflexion hintennach die schlechte kam.

Da wo man Recht hat, fängt die Selbstbeherrschung des Edeln an.

Nichts erkräftigt und hebt mehr den Geist, als eine unterlassene Rache.

Kaum glaublich und doch bewiesen, daß Neid und Prahlerei zusammengehen. Es ist, als wenn der künstliche Ueberschuß des Erlogenen beim Prahlen die Negative im Gefühl des Neides decken muß und umgekehrt die Lücke im Selbstgefühl, die zum Neide drängt, sich erst wieder füllt durch Prahlerei. Daher die seltsame Erscheinung, daß ruhmgekrönte Menschen, die den Neid gar nicht nöthig hätten, dennoch neidisch sind. Sie sind eben nebenbei Prahler.

Ein Prahler fühlt sich arm. Er kommt immer auf sich und seine eigenen Leistungen zurück.

Die meisten unserer Fehler erkennen und legen wir erst dann ab, wenn wir sie an Andern entdeckt haben und gesehen, wie sie denen stehen.

Menschen, die berechtigt sind, eine höhere Werthschätzung beanspruchen zu dürfen, als wir uns, manchmal sogar aus bloßer Trägheit nur, die Mühe geben wollen, ihnen einzuräumen, wirken auf uns wie Gewissensbisse. Um endlich des nagenden innern Vorwurfs, den sie uns verursachen, ledig zu werden, helfen wir uns gewöhnlich einfach damit, ihren Werth ohne weiters ganz in Abrede zu stellen.

Man webt keine kunstvolleren Spitzen, als sich deren an den Schleiern finden, mit denen wir unsere geheimen Wünsche und Interessen zu verhüllen wissen.

Bedeutende, aber eitle Menschen, denen anerkannt zu werden ein nie genug zu befriedigendes Bedürfniß ist, machen unter anderm auch ein übertriebenes Aufsehen von durchaus gewöhnlichen Individuen, mit denen sie der Zufall in nähere, selbstverständlich ihnen huldigende Beziehung brachte. Sie scheinen zu fühlen, daß nicht jede Anerkennung ihrer würdig ist.

Wem es nicht ein Bedürfnis geworden ist, glücklich zu sein, der wird es niemals werden.

Berührt uns in nächster Nähe etwas unangenehm, so mögen wir uns nur fragen, ob unsere Stellung im Großen und Ganzen dadurch alterirt wird. Dürfen wir dies verneinen, so sollten wir uns doch erleichtert fühlen.

Der höhere Werth des Menschen entscheidet sich darnach, ob er noch für diese Erde Hoffnungen hat, die über sein Grab hinausgehen.

Wir sollten uns nicht nach dem beurtheilen, was wir uns selbst zu sein scheinen, sondern nach dem, was wir im Ring des Allgemeinen und im Großen, im Ganzen sind. Die Kunst, abgezogen von unserm Ich, unser Dasein so zu betrachten, wie es sich dem Allgemeinen ergibt, gleicht dem feinen Ohr eines Vortragenden, der im Stande ist, sofort die Wirkung seiner Stimme mit den Räumlichkeiten, wo er spricht, und mit den Nerven derer, die zuhören, in einen wohlthuenden Einklang zu bringen.

Wahrhaft ist doch nur das ein Glück, das sich mit Andern theilen läßt.

Oft weißt du es vollkommen, daß du diesen oder jenen Fehler, diese oder jene Ungerechtigkeit begangen hast. Statt aber jenen zu bereuen oder diese wieder gut zu machen, verhärtest du dich vielmehr vollends gegen dein besseres Gefühl und trotzest nun erst recht darauf, so fortzufahren, wie begonnen. Du nennst dir das Kraft und Charakter!

Wirst du angeschuldigt, so rechtfertige dich, wenn du voraussetzen darfst, daß deine Richter edel sind! Aber einen Feind wirst du niemals überzeugen. Gegen einen Feind nützt es sogar, ihm so hassenswürdig wie möglich zu erscheinen. Von all den eingebildeten Gründen seines Grimms wird er der Welt einen allmählig nur lächerlichen Eindruck machen und am Uebermaß seines Zorns zuletzt bersten wie der Bel zu Babel.

Von ihren Grundsätzen zu reden, ist am meisten denen eigen, die gerade unter der Herrschaft nur ihres Naturells stehen.

Niemand soll Richter in eigener Sache sein, so beklagenswerth es ist, daß man den einfachen, so natürlichen Gerechtigkeits- und Straftrieb, der uns gebietet, ungebührliche Handlungen mit sittlichem Zorn zu verfolgen, in dem Fall Rache nennt, wo die Ungebühr gegen uns selbst gerichtet war.

Die gefährlichsten Feinde der weiblichen Grazie sind die sogenannten selbständigen Ansichten und das beliebte: »Ich bin nun einmal so!«

Von gewohnten Lasten der Pflicht fühlen wir kaum, wie schwer sie sind. Ein Kind stöhnt um eine Kiste von fünf Pfund, die es auf die Post tragen soll, und nimmt sie bald auf diesen, bald auf jenen Arm. Sein täglicher Schulranzen aber, mit dem es hüpft und springt und singt, wiegt zehn Pfund.

Maßloses bringt Reue, und Reue – wiederum das Maßlose.

Sprich doch nicht von deiner Wahrheitsliebe, wenn du nur rücksichtslos warst.

Wir armen, ewig irrenden Menschen verwechseln so oft, wenn wir schaffen, die Freude über die dabei glücklich überwundene Anstrengung mit der Berechtigung zur Freude über das gelungene Resultat selbst.

Himmel, ich danke dir, daß du mich nicht in die Lage versetzest, das Entsetzliche, das ich über manchen Menschen zu sagen wüßte, aussprechen zu müssen – !

Weibliche Putzsucht ist nicht immer auf die Eroberung der Männer gerichtet. Die meisten Frauen sind nur eitel im Hinblick auf den Neid, zuweilen auch auf den Geschmack ihrer Mitschwestern.

Nenne nicht deinen Mangel an Fleiß und stetiger Aufmerksamkeit Phantasie und nicht die Schwäche deiner Nerven Gefühl.

Du hältst mich für stolz. Warum? Etwa, weil es dich nur verdrießt, zu wissen, daß ich es sein dürfte?

Kampf und Bewährung

Warum heißt es nur immer Neid, wenn sich eine Kraft, beunruhigt von dem Werth einer andern, fühlt und nicht minder zum Vollendeten aufschwingen will – !

Ja, wer es dahin gebracht hätte, für die Wahrheit zu flammen und zu glühen, ohne – »aufgeregt« und »aufregend« zu erscheinen! Die leider den Ausschlag gebende Weltklugheit verlangt diese unmögliche Verbindung von Eis und Flamme.

Unerquicklich ist es, mit dir zu streiten, wenn du nur vertheidigen willst, was du bist, was du warst und immer zu bleiben gedenkst. Was soll ich streiten, wenn ich nicht hoffen kann, dich zu ändern!

»Richte nicht!« So lehrte die christliche Religion und doch ist ihre Geschichte eine einzige Kette von Verdammungen und Verurtheilungen. Und von wie vielen Momenten unser Urtheil beirrt werden kann, das zeigte dir schon so manche Beschämung, so manche Reue, die der Uebereilung zu folgen pflegt. Um den Grund und das Wesen eines Menschen zu erkennen, kann man bei seiner Erforschung nicht tief genug steigen. Ist es nicht z. B. einem Menschen von hohem Geist und von lebhafter Einbildungskraft höher anzurechnen, wenn er das Rechte und Edle that, als einer geringern Intelligenz und einem trägern Umlauf des Bluts? Das Gegentheil des Rechten und Edlen wird bei Reicherbegabten aus einer geheimnißvollen innern, oft dämonisch und wider Willen spukenden Gaukelei der Combinationen und der Möglichkeitsvorstellungen mit so verführerischen und lockenden Farben ihnen vorgespiegelt, daß sie des kräftigsten Anhalts an die besonnene Erwägung bedürfen, um nicht dem Reiz zu erliegen, den das Kluge, Schlaue, Kecke, Trotzige immer vor dem Mäßigen und Ergebenen voraus hat. Darum seid milde, wenn der aufgeregte Genius öfter strauchelt, als die träge, immer mit den angebornen Scheuklappen der Vorsicht dahinschleichende Mittelmäßigkeit.

Der heitere Anblick, einen übermüthigen sieggewohnten Matador, wenn ihm einmal etwas scheiterte, beschämt und kleinlaut von dannen ziehen zu sehen, sollte dich reichlich schadlos halten für die lange Geduld und Nachsicht, die du mit seinem hochgeschraubten Selbstvertrauen üben mußtest.

In bedeutenden, angefeindeten und beneideten Stellungen wirst du dich durch kleine Ränke und Intriguen vollends verderben. Ohne große Intriguen freilich – flüstert uns die Erfahrung zu – kannst du dich nicht erhalten. Eine große Intrigue ist aber zum Glück immer eine That.

Anmaßung, die das große Wort führt und sich vordrängt, ist oft mit einer schneidenden Schärfe des Verstandes verbunden. Dennoch fehlt dieser Art des Verstandes die Kraft, nachhaltig überzeugen zu können. Ueberzeugend ist nur diejenige Verstandesschärfe, die gleichsam erst im zweiten Treffen wirkt, d. h. die, die nur nothgedrungen in Reih' und Glied eintritt, nachdem zuvor das Gemüth mit Leidwesen bekannte, sich hier nicht an seinem Platze zu befinden.

Die Höhe der wahren sittlichen Kraft eines Menschen läßt sich erst dann ermessen, wenn ihn die Umstände aus seiner gewohnten Sphäre gedrängt haben.

Starke Geister suchen zuweilen die Aufgabe ihres Lebens lediglich da, wo sie Widerstand finden. Das ist eine große Thorheit. Denn zur Strategik Derer, die in unser Lebensschicksal eingreifen wollen, gehört es ja, daß sie uns Schwierigkeiten und Aufenthalte an Stellen bereiten, wo unser wahrer Lebensberuf gar nicht liegt. So müht sich dann ein Titane ab, mit Felsblöcken Mücken zu treffen.

In jedem bedeutenden Menschenleben kommt eine Zeit, wo man anfängt, sein Erlebtes, sein Errungenes und Geschaffenes zusammenhalten, ordnen und verwalten zu wollen. Möge sie dir eine reiche Ernte und die heiterste Ruhe bringen! Bedenke aber auch, es ist dies eine Zeit, die schon Manchem gefährlich wurde; denn in der Freude, etwas geleistet zu haben, oder in dem Drang, sich überreden zu dürfen, man hätte etwas geleistet, schloß man viel zu früh ab und wurde einseitig.

In unserem Lebensgang gleichen wir alle dem Däumling im Märchen, der aus dem Walde zurück wollte und die Brodkrumen als Wegspuren von den Vögeln verzehrt fand. Keinen Fehltritt können wir wieder so ungeschehen machen, wie er begangen wurde! Kein

Unrecht können wir wieder so gut machen, wie wir es Andern zufügten! Keinen Irrthum können wir wieder so berichtigen, daß sich der Weg zur Wahrheit ganz noch einmal zurück antreten ließe! Wen man verletzte, den kann man nicht genügend zu trösten hoffen durch Abbitte oder durch fernere Unterlassung des Unrechts. Und da mag uns denn auch, wenn wir, wie Däumling, die Siebenmeilenstiefel gefunden haben, die Reue nicht wieder dahin zurück führen, wo nun einmal das Bessere versäumt wurde und ein trauerndes Kreuz sagt, daß hier nichts mehr gutzumachen ist, sondern vorwärts in eine neue Welt, zu neuen Prüfungen, zu bessern Bewährungen.

Die meisten Menschen denken aus Gewohnheit nicht, manche aber, und das nicht wenige, aus Furcht.

Bemitleidenswerth ist der Mensch als Gattung, wenn selbst der Edelste, von gemeinen Creaturen gehetzt, nicht immer das rechte Mittel zur Abwehr trifft.

Zuletzt, du verschlagener Sohn der Hölle, mußt du dich denn doch bequemen, auf die Frage der Ehrlichkeit und der Einfachheit runde Antwort zu geben.

Je älter du wirst, desto mehr gewahrst du mit Schmerz, daß du einen gewissen unternehmenden Schwung deines Geistes verlierst. Die Anschauungen, am Maß der Dinge, wie sie sind, gemessen, fangen an, einer überraschenden Originalität zu entbehren, die Gedanken sind nicht mehr von alter Frische und Kühnheit. Nach Entdeckung dieser traurigen Erfahrung haben viele Dichter, Denker, Künstler, Menschen der That und des schaffenden Berufs nach Hülfsmitteln der Wiederbelebung ihrer Geisteskräfte gesucht. Der Eine verfiel auf dies, der Andere auf jenes. Die einzig wahre und einzig fördernde Methode, deinen Geist jung zu erhalten, scheint mir das Vermögen, dir die Stimmungen, ja sogar die Irrungen, sogar die Halbheiten und Träume deiner Jugend wieder wie gegenwärtig zurückzurufen. Die erste Freundschaft, die erste Liebe, die erste Ausfahrt in die Welt mußt du dir mit allen ihren später erkannten Unzulänglichkeiten täglich wieder heraufzubeschwören verstehen und an den Schauern und Wonnen, die süßwehmuthsvoll dann deinen Geist überrieseln werden, wird dir auch wieder jene ewige Zaubergewalt der immer lebendigen Anregung erwachsen, die du im Alter in äußern Hülfsmitteln vergebens suchst.

Laß doch all dein Lockenschütteln, dein Augenrollen und dein Händeballen! Das rechte Sturmesbrausen und der rechte Drang, das rechte Wehen zur That fährt nur über den ruhigen Meeresspiegel der Ueberzeugung.

Das durch Mühe erworbene Glück ist allein ein wohlthuendes. Es gewährt zugleich die Behaglichkeit eines physischen Ausruhens.

Auf sein Leben blickt man, je älter je öfter, zurück wie auf einen aus der Druckerei kommenden sogenannten Aushängebogen. Wie mancher Fehler blieb noch auf ihm stehen trotz der gewissenhaftesten Correktur! Ihn noch zu bessern ist unmöglich. Das Verkehrte ging hinaus in die Welt, ist gedruckt, wurde getrocknet, wird geglättet, schön eingebunden und bald von aller Welt gelesen werden. Glücklich schon der, der von dem, was er durch sein Leben hat ausdrücken wollen, wenigstens den Sinn im Allgemeinen verstanden sieht.

Gedanken werden dann nur gestaltend und schöpferisch, wenn sie an etwas Vorhandenes anknüpfen.

Selbst jede Geschmacklosigkeit, mit Fleiß und Consequenz durchgeführt, wie z. B. ein Rococobau, eine ganze Stadt, wie Dresden, hat etwas, das unser Urtheil entwaffnet.

Wer muß, der kann! Möge dir dies rauhe Wort da nur gelten, wo Müssen eine innere Nothwendigkeit ausdrückt.

Jugendliche Weltanschauung schreitet jambisch, reife trochäisch.

Alles Halbe entfremdet uns die Menschen. Wir gewinnen sie uns sogar noch mehr durch Egoismus und Einseitigkeit. Doch müssen wir in diesen Unarten dann auch entschieden auftreten.

»Unbemußt« lautete neulich ein Druckfehler, den wir in »unbewußt« zu corrigiren hatten. Unbemußt aber leben zu dürfen, unbemußt denken und fühlen zu dürfen, welch ein Glück wäre es – ! Rings um uns her weht uns grade das Gegentheil, das Bemußtsein, wie die eigentliche Luft unsres Daseins an.

Heinrich Heine ist dahin! ... Wie matt und schwunglos blieben doch alle Grabreden, die ihm gehalten wurden, da nicht eine einzige sagen konnte: »Hier brach ein edles Herz!«

Dem Dünkel der Dummen verliert man in der That an Größe, wenn man einmal aus irgend einem Herzensgrunde zur Welt der kleinen Geister hinunterstieg.

Wechsle zuweilen den Ort deines Aufenthalts! Dein Wesen will neue Triebe schlagen.

Wie drückend ist es doch, daß wir unsern gerechtesten Zorn so oft mäßigen müssen aus Taktgefühl! Die natürlichste Regung von der Welt fordert uns zuweilen auf, Gewissenlosigkeit und Uebermuth zu züchtigen. Ja, wer möchte sich nicht versucht fühlen, einen leichtsinnigen Borger, einen pflichtvergessenen Schuldner durch öffentliche, ihn an den Pranger der Verachtung stellende Aufforderung an seine Schuld zu mahnen. Und hätte man jede Gewähr des Rechts dafür, der öffentliche Takt zwingt unsern Zorn zur Selbstüberwindung. Derselbe strenge Gesetzgeber ist es auch dann, der da verlangt, daß kein geistig Schaffender über die Veurtheilung, die er erfahren muß, eine zu große Empfindlichkeit verräth. Es ist fast, als verlangten die Gefühle der Menschen, daß wir uns im Schmerzlichsten bezwingen, nur um die Herstellung des Gesetzes der öffentlichen Mäßigung, als der Bedingung unseres civilisirten Zusammenlebens, mit retten und fördern zu helfen.

Eine Mittelmäßigkeit, an die wir uns bereits gewöhnt haben, ist immer im Vortheil gegen ein Talent, das wir erst kennen lernen müssen.

Sich den Neugestaltungen der Zeit zu entziehen, rächt sich an jedem Geist, selbst an dem bedeutendsten, – Goethe nicht ausgenommen.

Der größte und bedeutendste Geist wird von dem Augenblick an langweilig, wo er schon genug gethan zu haben glaubt, wenn er nur sich selbst gibt. Auch er muß verstehen, seine Person im Zusammenhang mit den allgemeinen Thatsachen zu erhalten.

Du glaubst mich durch deine Schilderung vernichtet zu haben? Du hast mich definirt.

Sei bei dem, wer ein bedeutendes Ich hat, nicht zu schnell mit deiner Anklage auf Egoismus zur Hand. Eine zum Egoismus berechtigte Natur hat es nicht immer in der Macht, daß sie ihr Ich auf eine Weise geltend macht, die wohlthut.

Da man weiß, daß die schönsten Tugenden bis dicht an manche schlimme Fehler streifen, so verurtheile nicht sogleich die schlimmen Eigenschaften deiner Kinder! Beuge sie vielmehr einfach zum Guten! Gewiß ist z. B. Neid auf fremde Verdienste unschön; kann aber ohne ihn Ruhm- und Ehrbegierde bestehen, die zu unsern Bewährungen mit ein Sporn sein soll?

Sophist ist derjenige, dessen Behauptungen einem Zimmer mit drei Ausgängen gleichen.

Daß sich mancher bedeutende Kopf so zeitig überlebt, hat seinen Grund darin, daß er sich über Menschen und Dinge Systeme schuf und die an ihnen festhaltende Zähigkeit oder wol gar Eitelkeit Gerechtigkeit und Wahrheitsliebe nannte. Nichts läßt einen Denker so schnell veraltet erscheinen, als ihn die Eindrücke, die der fortschreitende Tag bringt, immer und immer wieder in dieselben fertigen Schubfächer werfen sehen. Selbst auf Hegels Leben und Thätigkeit kann man in Folge dieser Monotonie in mancher Hinsicht nur zurückblicken wie auf einen versteinerten Ameisenbau, eine Curiosität naturhistorischer Museen.

Wer nur immer verkleinert und herabsetzt, verräth, wie wenig er je seine Kraft selbst erprobt hat. Denn erprobte Kraft meint nie den Himmel stürmen zu können. Nur wer die eigene, hinter dem reinsten und glühendsten Wollen immer noch menschlich zurückbleibende Schöpferkraft geprüft hat, lernt gerecht urtheilen.

Halte dir einen tüchtigen Feind! Er wird dir ein Sporn sein, dich zu tummeln.

Als Jüngling fragen wir: »Was ist wahr?« Als Mann: »Was ist schön?« Als Greis: »Was ist gut?«

»Treu, fleißig, ehrlich!« Das soll man Dienenden in ihr Führungsbuch schreiben und thut man es nicht, so hat die Polizei ein Recht, nach den Gründen der Verweigerung zu fragen. Um Weitläufigkeiten zu vermeiden, schreibt man diese Formel, auch wenn man Merkmale genug hat, schreiben zu müssen: »Untreu, faul und unehrlich – !« Das Verhalten der meisten Menschen zur Welt ist ein solches Zeugnißgeben: »Treu, fleißig, ehrlich!«

Es ist Jedem heilsam, sich auch einmal als Carricatur sehen zu können.

Zeige doch, edle Bildung, offen den Stern auf deiner Brust! Warum nur immer für's Leben so im Incognito?

Jedes Leben ist ein Versuch, begangene Jugendthorheiten wieder gut zu machen.

Jedem Talente unsere Anerkennung, nur nicht dem, das, um sich auszubreiten, wühlt und wühlt und sich selbst nirgendwo niedersetzen kann, ohne erst einem andern »Platz da – !« zuzurufen.

Unheimliche Menschen das, die mit unserer eigenen Natur eine gewisse Verwandtschaft hatten, beinahe auch dasselbe Lebensziel verfolgten, ja sich sogar dazu derselben Mittel bedienen mußten und schon oft mit uns verwechselt wurden – und von denen wir uns doch im innersten Kern und vom tiefsten Grund unsres Wesens aus himmelweit verschieden fühlen.

Die Menge erkennt Gott nur durch die Schrecken der Natur, den Genius nur durch seine Triumphe.

Das Bedeutende auch ohne die laute Sprache des Sieges zu erkennen, vermag nur ein Sinn, der selbst bedeutend ist.

Von den vier Temperamenten, wenn sie noch nicht zur Fabel geworden sein sollten, trifft die bedeutenden Naturen das cholerische.

Wo nur diesen süßlichen Gemüthern die Kraft herkommt, all ihre Gedanken des Neides, der Mißgunst, der Eitelkeit, Gedanken, von denen wir wissen, daß sie an ihnen Tag und Nacht zehren und sie förmlich aufreiben, unter diesem ewig gleichen und immer wohlwollend scheinenden Lächeln zu verbergen!

Es ist ein glückliches Gefühl, für einen Haß, den wir bis dahin nur instinktmäßig nährten, plötzlich einen triftigen Grund zu erhalten.

Lieber Freund, damals als du die bekannte, mit einer Anstellung belohnte Wandelung deiner Gesinnung durchmachtest, da hab' ich nur bewundert, wie du für dies neue System auch sogleich in deinem tiefsten Innern den treibenden Drang des Gemüthes nachzuweisen verstandest!

Ein productiver Schöpfer in Kunst, Literatur, Wissenschaft, Staat, Industrie, in allen höheren Beziehungen des Lebens, findet vor den Schwierigkeiten der von ihm zu lösenden Aufgaben kaum Zeit, auf seine Leistungen – eitel zu sein. Nur dem Verfertiger der kleinen Dinge, vor allem dem Dilettanten, wird es möglich, sich beim Verwundern über sich selbst so lange aufzuhalten.

»Ich fühle mich ewig jung – !« Richtig, du willst sagen: Du fühlst dich ewig unreif.

Gleichnisse sind keine Beweise.

Wir trauen uns das Aeußerste an Kraft zu, wo es sich um unser Recht, in der Regel aber nur das gebührende Maß, wo es sich um unsere Pflicht handelt.

Lieber Freund, du hast vielleicht Recht, so weit dein Urtheil die Sache betrifft. Gerade aber weil – Du es bist, der so urtheilt, hast du Unrecht.

Was dir mißlang, das ist dir nie gänzlich mißlungen, wenn die bauende Hand deine eigene war!

Was strebst du nur nach Macht und Einfluß, der du doch schon lange auf deiner Scholle König bist! Sieh nur einmal um dich und du wirst deines Reiches schon inne werden.

Wollten wir alle unsre Speisen unter dem Mikroskop untersuchen, so würden wir möglicherweise vorziehen, zu verhungern. In gleicher Weise ist es leider auch unmöglich, sein Leben ganz nur nach absolut guten Grundsätzen einzurichten. Wer darf unter allen Umständen wahr sein? Wir müssen nur die Lüge nicht liebgewinnen.

Von sich selbst zu abstrahiren ist schwer und sich selbst leibhaftig und ganz objektiv zu sehen, bedeutet sogar den baldigen Tod. Aber eine moralische Anwendung dieses Aberglaubens bliebe es: Um dich zu sammeln und zu prüfen, ob du in allen Dingen auf dem rechten Wege, so versuche die Auffassungen und Pflichten deines Lebens aus der Seele eines Andern herzuleiten, dich ganz in dessen Thun und Lassen zu versenken und das, was du selbst thun oder

lassen sollst. gleichsam aus seinem Wesen heraus zu entnehmen – !
Bald wird dir dann gegenwärtig werden, wie auch du – ihm erscheinst und welchen Schatten du überhaupt im Licht des allgemeinen Urtheils wirfst.

Und doch sind es wunderliche und oft sehr schwierige Naturen,
die das Rechte erst aus der Seele eines Andern heraus zu treffen
vermögen.

Ein furchtbarer Augenblick im Leben ist der, wo wir erkennen,
daß wir die zu groß angelegten Contouren unseres Daseins nicht
mehr mit den Mitteln unserer Person allein auszufüllen vermögen.

Lotterie führt zu Lotterei.

Der bedeutende Mensch kommt mit der Zeit auf eine gewisse
Höhe, wo ihm Niemand mehr eine aufrichtige Meinung sagt. Dann
wird es ihm ein ganz besonderer Segen sein, sich selbst darnach
umzuthun.

Allzu lange andauernde und wol gar zum Lebensberuf geworde-
ne Beschäftigung mit dem Partikularen, Kleinen, Nebensächlichen
vermindert die Geisteskräfte. Bibliothekare sind dem Schwachsin-
nigwerden ausgesetzt. Der Spezialist muß immer bedacht sein, sich
die Verbindung seiner kleinen Objekte mit den Gesichtspunkten zu
erhalten, die allein den Rundblick aufs Allgemeine und Entschei-
dende gewähren.

Zu manchem Menschen kann man sagen: der Himmel wollte, daß
du bedeutend wurdest! Er gab dir dafür ein doppeltes Geschenk: es
sein zu können und die Lage, die dir eigentlich gebietet, es sein zu
müssen! Nur Eines gab er dir nicht, es sein zu wollen.

Zu beurtheilen sind die Menschen nicht nach der Hebung (Arsis)
ihrer Handlungen, sondern nach der Senkung (Thesis).

Die Bedeutenden unter sich verständigen sich schon. Wären nur
nicht die Zwischenträger, die Vermittler, die Mitläufer – !

Alles, was der Renommist treibt, ist conventionell. Er liebäugelt
beständig mit dem *qu'en dira t-on?*

Bilde dir die Befähigung aus, Alles, was du erstrebst und erlebst,
dir gegenständlich zu machen und unterzuordnen einem einzigen
großen Gedanken, dem leitenden deines ganzen Lebens. Besitzest

du dann freilich nicht den Muth, diese Richtschnur deiner Handlungen frei und offen auch mit den Lippen zu bekennen, nun, so kann es an sich den Werth deines Daseins nicht verringern, wenn dessen edleres Wollen auch nur unausgesprochen in ihm treibt, drängt, wirkt, verborgen wie die Blüthe der Religion duftet, Gebet, Selbstbetrachtung, die sich nur unter dem Auge Gottes weiß. *Besitzest* du ihn aber, diesen Muth, der seinen Handlungen und Unterlassungen, seiner Liebe, seinem Haß, auch *äußerlich* den Stempel eines weihevollen Ursprungs, das Gepräge bewußten Wollens *vor der Welt* aufzudrücken wagt, so führst du, wie der Dichter sagt, »ein Schauspiel für Götter« auf, vorausgesetzt, daß Inhalt und Form deines Lebensgedichts immer unter den Gesetzen der Schönheit und Wahrheit zugleich stehen.

Bitter ist es, das heute zu müssen, was man gestern noch wollen konnte.

Die Weisheit soll die Klugheit zur Dienerin haben. Jene thront, diese regiert.

Brach dir am Wagen deines Lebens ein Rad, ei, so flechte die Stücke auf den Giebel deines Hauses und laß – die Störche drin nisten!

In nichts haben gewisse Tagesschriftsteller ihr Vorbild, die Franzosen, mehr erreicht, als in der Kunst, Dinge und Menschen mit einer kurzen spöttischen Definition zu erledigen.

Die Bildung.

Wenn wir etwas für unsere Bildung verausgaben sollen, so hat uns der Thaler volle dreihundert und sechzig Pfennige. Geben wir etwas für unser Vergnügen aus, hat er nur dreißig Groschen.

Bildung heißt, sich zu jedem Menschen so stellen, daß das Aneinanderklingen seines und unseres Wesens Wohllaut gibt.

Nicht dein Nichtwissen gibt dir den Schein der Ignoranz, sondern nur die Art, wie du dein Nichtwissen zu verdecken suchst. Schweige – ! Mancher wird doch vielleicht glauben, du verstündest die Sache, wovon gesprochen wird.

Die größte Wonne des Wissens und Lernens hat doch nur der Autodidakt.

Pedanterie zeugt von wenig Begriffen. Niemand ist pedantischer, als ein noch auf dem Arm getragenes Kind.

Verschiedenes zu Verschiedenem sucht der Sammlerfleiß, Verschiedenes zu Gleichartigem der Scharfsinn, Gleichartiges zu Verschiedenem der Witz, Gleichartiges zu Gleichartigem die Poesie.

Unsere besten Gedanken sind nicht diejenigen, die wir finden, wenn wir selbst suchen, sondern diejenigen, die wir finden, wenn wir andern Suchenden nachgehen.

Wir leben alle weit mehr unter dem Druck und dem Gesetz der Gattung, als wir glauben. Manche Menschen kommen aus dieser Abhängigkeit so zu sagen vom Centralnervengeflecht der Allgemeinheit nie mehr heraus. In unsrer ersten Entwicklung leben wir jahrelang nur im Charakter anderer Menschen, d. h. wir sprechen, denken und handeln nach Art derer, die uns erziehen, pflegen, die wir vorzugsweise lieben, bewundern lernten oder denen wir auch nur instinktmäßig folgen. Daß wir endlich ein kräftiges, ein eigenes Ich aussprechen können, ist leider erst meistentheils die Folge irgend eines außergewöhnlich herben Geschicks. Erst durch ein persönlichstes Duldenmüssen, durch ein gefahrvolles Angerufenwerden vom Geschick mit unserm eigenen Namen wird die Freiheit, das Bewußtsein des bisherigen Nachtwandlers geweckt. Das ist dann aber auch der Augenblick, mit dem wir für unsere Zukunft stehen oder fallen. Fallen nennen wir die Rückkehr in die Allgemeinheit, die Fortsetzung des Nachtwandelns, die Unbedeutendheit.

Von einem Irrthum erlöst, aber auch so recht von ihm erlöst zu sein, gewährt größere Freude, als eine Wahrheit gefunden zu haben.

Sicher auch dann würde, wie die Dichter sagen, ein Schauspiel für Götter gefeiert werden, wenn die Menschen in allen Lagen so handeln und immer so denken wollten, wie sie sich in Stammbüchern und Albums geben.

Tief glaubst du zu sein? Du bist nur schwerfällig.

Suchst du deinem Gemüthe die rechte Wärme des Lebens, so wählst du zuletzt doch nur den sichersten Weg, wenn du – dem Lichte folgst.

Schurken gehen ungern ins Theater, wenn sie auch die bewundernswürdige Virtuosität besitzen, sich die Spiegelbilder, die ihnen in erschreckender Treue dort entgegengehalten werden, durch allerhand Unähnlichkeiten, die sie entdecken, doch wieder vom Gewissen hinwegzuräsonniren.

Schön ist mir alles, was das, was es sein will, auf eine nicht störende Weise ist.

Tief ist der, der auch die schweigenden Menschen und Dinge so versteht, als wenn sie redeten.

Die Seele läßt sich aus ihren Schlummerbanden durch ein reines, frohes Leben, durch Anschauen der Natur, durch den Umgang mit guten Menschen lösen, der Geist aber nur durch den Geist.

Erwarte von deinem »Feuchtersleben« nicht allzuviel! Aus Lebensmaximen läßt sich kein Leben aufbauen. Nur ein Kitt sind sie, ein Mörtel zum Binden und Befestigen von Kräften, die anderweitig hergenommen werden müssen.

Verschiebe nur nicht das Ausspinnen eines Gedankens auf bessere, freiere Stunden! So kommt er dir nicht wieder, wie er im Augenblick des Entstehens da war.

Die Handschriftendeuter, die aus Schriftzügen auf unsern Charakter schließen wollen, würden ihre Kunst vervollkommnen, wenn sie lieber aus der Form unserer Schriftzüge auf unsere jeweilige Stimmung schlössen.

Warum rührt uns das Schöne? Es schmerzt uns seine Einsamkeit, sein unerwartetes Kommen, sein baldiges Vergehen.

Wir haben die der deutschen Sprache eigentümliche Bezeichnung einer »schönen Seele« bekanntlich zuerst von Goethe im »Wilhelm Meister« mit der bestimmten Hindeutung auf ein weibliches, sanftes, christliches Gemüth mit – herrenhuterischer Färbung erhalten. Sollte bei Bildung dieses Begriffs Goethe'n nicht eine Modernisirung des griechischen Kaloskagathos, die verbundene »Güte und Schönheit,« vorgeschwebt haben? K. G. Carus hat folgende Definition gegeben: »Unter dem Ausdruck einer »schönen Seele« pflegen wir eine eigenthümliche Reinheit und innere Großartigkeit der Fühlung im Gemüthe und der einfachen Klarheit im Erkennen und Wollen zu bezeichnen.« Sinnig sind die körperlichen Merkmale, die Carus von der schönen Seele angibt. Er spricht ihr eine Hand zu, die er die psychische nennt und die aus feinen, schlanken, verlängerten Fingern und ebenso verlängerten Nägeln bestehen soll. Es ist nicht gesagt, daß sich diese Hand immer nur bei solchen vornehmen Frauen findet, die in der trägen Beschaulichkeit ihrer Boudoirs mit einem feinen englischen Nagelstahl ihre Finger und Nägel pflegen können: man findet sie auch bei Frauen aus dem Volk, bei mildthätigen, hingebend gestimmten Naturen, sanften Müttern, duldenden Ehegattinnen, die unter mancherlei Bedrängnissen zu leiden und sich dem Schicksal still ergeben zu fügen verstehen.

Man kann mit jener Carus'schen Definition der schönen Seele um so einverstandener sein, als sich in ihr das Gefühlsmoment mehr hervorgehoben findet als die Intelligenz. Es ist ein Vorwurf, den wir gegen die psychologischen Erörterungen jenes geistreichen und den Dingen auf die Tiefe gehenden Denkers nie haben unterdrücken mögen, daß sich das, was er hochzustellen und bedeutend zu nennen pflegt, gewöhnlich mehr in der Gegend des erkennenden und interessirten Geistes als in der des Herzens befindet. Die Welt der Entsagung, der Unterordnung und Demuth ist doch sehr oft im Leben leider nur die leere Reversseite von Medaillen, die sehr glänzend nach der Seite des Geistes, des Interesses, der »höhern Empfänglichkeit« strahlen. So treffend und anregend die Definitionen des menschlichen Wesens nach den Eindrücken der menschlichen Gestalt sein mögen, so verwundert doch nicht selten auch bei Carus die allzu sichere Eintheilung in Hoch, Höher, Höchst, in Gewöhnlich und Mittel, in Niedrig und Gering je nach der Außenseite des Menschen, über die uns so unabweisbar tief der Glaube an ihre Zufälligkeit eingeprägt ist. Bei all der ebenso gelehrten wie geistvollen Erörterung kommt dann immer recht beklemmend Eins ins Gedränge, eben jenes Herz, das oft unter unscheinbarster Hülle so treu und warm zu schlagen weiß. Lesen wir nicht schon im Hafis, wenn anders Daumer recht übersetzt hat, das schöne Wort, daß das, was uns Menschen hienieden oft häßlich, garstig, krumm, buckelig, lahm und schielend erscheinen will, im Auge Gottes eitel Schönheit ist?

Eine »schöne Seele« zu heißen ist der Ehrgeiz so vieler Frauen. Aber meist verstehen sie darunter nur die Fähigkeit, das Schöne zu empfinden, zu genießen. Die Schönheit der Seele besteht in mehr als nur im glücklichen Genusse des Schönen. Sie soll dem Schönen auch zum Siege verhelfen über das Unschöne und Rauhe und Gemeine des Lebens. Eine »schöne Seele« soll streiten und, wenn sie träumt, von gewonnenen Schlachten träumen. Die »schöne Seele« soll auch mit dem Herzen denken und jede störende Lücke, die sie im Leben findet, handelnd zu füllen bereit sein. Wenn ihr Innerstes Musik in Allem ist, sollte sie ohne die Harmonie der Welt nicht sein und leben können. Eine schöne Seele, die nicht dem Unterdrückten beispringt, nicht der Uebergewalt steuert, die abwesende Gegenpartei vertritt, nicht immer und überall ausgleicht und das Ungebührliche in seine Schranken verweist, verdient nicht den Namen: sie ist nur Empfindlerin.

Die Phantasie erfindet, das Herz entdeckt.

Wie viel Unheil richten nicht in der Welt diese nagenden, alles zerzupfenden Halbnaturen an, die heute einen Anlauf zur Bedeutsamkeit nehmen, morgen der geringsten Schmeichelei unterliegen, ihre Stimmungen der Langenweile für ein Bedürfniß nach Lebenspoesie ausgeben, mitten aus künstlich heraufbeschworenen Verhimmelungen in die trivialste Abhängigkeit von den Gesetzen der Erde fallen, ewig sich mit dem Schein einer gebildeten Selbstbeherrschung schmücken, dann aber um des geringsten, ihr Interesse berührenden Anlasses willen doch ihrer Zunge den unbedachtesten Lauf lassen, charakterlos jedem Neuen nachlaufen, dem, was ihnen imponirt, so lange huldigen, bis eine neue Erscheinung es wieder verdrängt hat, in allem, was sie nur aus sich heraus lieben und verehren sollten, abhängig sind von fremder Zustimmung, und wo diese, bei den tausenderlei verzweigten Egoismen des Lebens ausbleibt, schnell die Fahne ihres eben vorgezogenen Günstlings wieder verlassen, Menschen, die nie mit etwas fertig werden, alles anfangen, stets gefunden haben und doch schon wieder suchen und suchen und mitten in der Selbstqual, die aus einem solchen dämmernden Zustand entsteht, mitten in dem drängenden Unmuth der Nichtbefriedigung und einer für die Eitelkeit nicht genug ausreichenden allgemeinen Anerkennung plötzlich zum glückseligsten Stillstand all dieses Wogens und Wollens gelangen, wenn man etwa – die Weiße ihrer Hände rühmt! Denn man wird wol schon gemerkt haben, daß in Vorstehendem vorzugsweise eine Erscheinung aus dem Leben des weiblichen Geschlechts geschildert sein sollte.

Tiefe des Geistes erkennt man nicht an dem Angeregtsein von Allem, was den Denker interessirt, sondern an der Dauer, wie lange man bei Jedem verweilt.

Was ist schön? Dasjenige, was in einem und demselben Augenblick die Phantasie überrascht, dem Gemüth wohlthut und auch den Verstand dadurch befriedigt, daß dabei alles richtig zugegangen.

Schreibe doch Einer ein ernsthaftes Buch über die Frage: »Was erscheint dem Prosaischen poetisch – ?«

O sieh nur die klägliche Miene, die der freche Alltagssinn macht, wenn er einmal gezwungen wird, dem Evangelium des Schönen zuzuhören – !

Geschmack ist angeboren und man kann ihn nicht lehren. Man kann nur anleiten, ihn zu üben und auszubilden.

Wo von der Fülle des Glanzes und dem Zauber des Unerwarteten deine Augen geblendet sind, da mußt du die Augen des Herzens aufthun. Die werden bald erkennen, welcher Glanz vergänglich, welches Gold ächt oder Flitter ist.

Vergleicht man das weite Gebiet alles Wissenswürdigen mit der Musik, so heißt Bildung nicht, jedes Instrument behandeln können, nicht einmal aus dem einen, das man vielleicht kann, jedes Tonstück vom Blatt spielen, sondern Bildung ist die Fähigkeit, den Schlüssel, die Tonart, die Zeichen zu nennen, die von einem Tonstück den näheren musikalischen Charakter angeben. Bildung besitzt derjenige, der sich einen wissenschaftlichen und sittlichen Maßstab erworben hat, jedes Wissenswerthe nach seiner ureigenen, im Gegenstand selbst liegenden Berechtigung desselben fassen und würdigen zu können.

Entstünde nur die Ordnungsliebe so vieler Menschen aus Schönheitssinn und nicht aus Pedanterie!

Die Lebenshumoristen werden immer seltener. Je mehr sich Parteiung, Heuchelei, Bigotterie in der Welt ausbreitet, je mehr die erschwerten Umstände des Daseins, Concurrenz, Bildungsanforderung die Menschen in die Enge treiben, desto ernster werden sie und desto humorloser. Wie in der Kunst durch Schulen, Systeme, Theorieen, Kritiken die absolute Objektivität gelehrt wird und auf dem ästhetischen Gebiet den Humor einengt, so findet man auch im praktischen Leben weit mehr Menschen nach der Schnur, mathematische Pflichtmenschen, als gefällige Lebenskünstler. An älteren Herren und Frauen wissen wir oft nicht, was uns an ihnen so gefällig erscheint. Es ist noch der Besitz jenes Wohlwollens, jener Beweglichkeit, jenes Lebens und Lebenlassens, jenes Eingehens auf Andere, jener Freude an der Natur, an den Ereignissen, den Charakteren, kurz aller jener Auffassungen des Daseins, die eben zum Humor gehören. Humor besitzen heißt, einen Thron errungen haben und diesen zum Spielplatz verwandeln können.

Der Enthusiasmus ist die Blüthe des Geistes. Schön steht es Jedem, der sich in dieser Maienzeit erhalten kann. Es gibt aber einige Gebiete der Forschung, wo der Enthusiasmus mehr erschreckend als erhebend wirkt. Dazu gehört die Naturforschung. Der Naturforscher, der eine zu lebhafte Phantasie verräth, macht uns gegen seine Experimente mißtrauisch.

Dasjenige, was der witzige Kopf am leichtesten findet, erscheint oft Andern gerade als das Gesuchteste.

Wir sind immer bessere Menschen, wenn wir eben Musik gehört haben, nicht aber immer bessere, wenn wir eben welche machten.

Unbekannte, nie besuchte Stellen des Waldes durchschneidet oft die mathematisch gerade Linie einer neuen Eisenbahnanlage. Solchen plötzlich mit der Welt vermittelten und gleichsam aus einem langen stillen Traum aufgeschreckten Geheimgegenden des Naturlebens gleichen gewisse, zuweilen überraschend zum Vorschein kommende, seltsame und höchst wunderbare Menschen.

Schlechtigkeit des Charakters, verbunden mit Geist, mit genialer Verstellung, Macchiavellismen u. s. w. imponirt nie den Frauen. Diese bleiben fest in ihrem Haß und ihrer Verwerfung. Männern dagegen mildert sich ihr Urtheil, wenn sie das Schlechte mit Virtuosität behandelt sehen.

Wenn man etwas liest, will man den Verstand angeregt haben; wenn man etwas hört, das Gemüth und die Phantasie. Eine über irgend einen Gegenstand, den man einleuchtend machen will, niedergeschriebene Abhandlung muß anders motivirt und in der Reihefolge der Beweisführung geordnet sein, als eine darüber gehaltene Rede. Daher kommt bei Reden und Theaterstücken, die, vorgetragen, hinreißen, der geringere Eindruck, wenn man sie liest. Der Vortrag selbst thut dazu nichts.

Der bessere Weg höherer Bildung ist der, vom Enthusiasmus zwar zur Kritik überzugehen, aber auch von dieser wieder zum Enthusiasmus zurückzukehren. Die meisten Menschen, wenn sie zur Erkenntniß gelangt sind, daß ihre erste Bildungszeit aus einem unreifen und allzugläubigen Erfassen bestand, glauben dann, die nüchterne Kritik, die sich ihrer bemächtigt, wäre die wahre Höhe der Bildung. Im Gegentheil. Die wahre Bildung besteht darin, von einer besonnenen und ruhigeren Erwägung der Menschen und Dinge, die in einem gewissen Alter zur philosophischen Nüchternheit und kritischen Anmaßung umzuschlagen droht, zum idealen Blick der Jugend wieder zurückzukehren und so wieder zu lieben, zu hassen, zu hoffen, zu schwärmen, Welt und Menschen mit dem immer wachen Auge der Sehnsucht und Hingebungsbedürftigkeit zu betrachten, wie einst.

Immer und überall kindlich – ist kindisch.

Die deutsche Sprache hat für alle möglichen Mißlichkeiten und Schlechtigkeiten der Handlungsweise und des Charakters mehr Ausdrücke, als nöthig; in der Grobheit ist sie sogar unerschöpflich. Wenn sie aber eine systematische Methode, schlechte Lebensmaximen zu verfolgen, bezeichnen will, so greift sie doch zumeist nach fremdländischen Ausdrücken, wie Tyrann, Spionage, Denunciant, Intrigant, Egoismus, Koketterie, Prüderie, Bigotterie, Tarrtüfferie, Raffinement, Blasirtheit, Gourmandise u. s. w. Eine Beruhigung für den noch erhaltenen besseren Kern unseres Wesens.

Wir haben eine heilige Scheu vor allem, was sich auf unsre Mutter bezieht, auch vor unsrer Muttersprache. Darum drücken wir frivole Begriffe lieber in einer fremden Sprache aus.

Die Sprache ist das Volk. Die französische Sprache schreibt mehr Buchstaben, als sie ausspricht. Leichter Sinn, der mehr verspricht, als er hält. Die deutsche Gewissenhaftigkeit verschluckt auch nicht eine Silbe.

Hüte dich, in einer dir gemessenen Frist zuviel sagen zu wollen! Du wolltest die kurze Spanne Zeit vor einem Großen und Mächtigen nutzen, wolltest einer neuen Bekanntschaft schnell übersichtlich erscheinen, wolltest Alles, was dir für den Augenblick wichtig war, rasch erschöpfen und – erschienst geschwätzig! Die Gelegenheit, so kurz am Kragen gefaßt, ließ dich anders erscheinen, als du bist. In solchen Fällen wäre zu schweigen, wie so oft, beredter gewesen.

Manche Menschen bilden sich ein, deßhalb ein warmes Herz zu besitzen, weil sie in Augenblicken des Zorns und der Leidenschaft aufwallen und wol eine Zeit lang für irgend etwas heftig erglühen können. Nein! Ein warmes Herz besitzen heißt – : Mitten in einem Stillstand der Seele, der dem unbewegten Stillstehen der Blätter des Waldes im heißen Mittagssonnenbrand gleicht, dennoch so erregt sein können, als schüttelte sie der wildeste Sturm.

Oft lernen wir, selbst nach jahrelanger persönlicher Bekanntschaft, die Menschen wahrhaft nur erst durch einen Briefwechsel kennen, den wir mit ihnen führen. Nicht nur, daß wir so vieles, was unser Innerstes bewegt, mündlich auszusprechen nicht den Muth hatten, nein, unsere ganze Art, uns im Zustand der Sammlung zu geben, kann nur bei einer solchen Gelegenheit erprobt werden.

Erstaunlich dann, wie viele Menschen, die bislang für uns Werth hatten, in einem Briefwechsel nicht die Probe bestehen.

Wenig verbreitet ist jene hohe Gerechtigkeit, die immer noch bewundern kann, wo sie auch nicht mehr zu lieben vermag.

Man rühmt solche Schriftsteller, die man »gesunde Naturen« nennt. Wer gesund ist, kann von Glück sagen. Ein Verdienst ist es nicht.

Neigung zum Schreibtisch und zur Correspondenz ist nur den geistig Bevorzugten eigen.

Unwissende sind gleich über jeden Zweifel an ihrer Bildung empört, während Unterrichtete mit dem größten Behagen zugestehen können, daß der Mensch niemals auslernen könnte.

Wenn genial organisirte Köpfe philosophiren, dichten, schaffen, handeln, so arbeiten Phantasie und Gemüth naturgemäß so lebhaft mit, daß der nächste, aus dem Zusammenhang gerissene einzelne Gedanke, das nächste einzelne Motiv ihres Schaffens oft unklar und unzureichend erscheint. Da haben denn die kritischen Silbenstecher ein weites Feld für die Vergleichung des mehr oder minder gelungenen Gebildes mit ihrer eigenen immer so blanken und flach regelmäßigen Art.

Bei Schmerzen merken wir, daß wir Alle nur aus Einer Form gegossen sind, aber in dem, was uns Freude macht, kommen wir uns doch alle recht fremdartig vor.

Wolltest du in einer Gesellschaft etwas mittheilen und wurdest dabei zufällig unterbrochen, so sorge, daß man nicht vergißt, auf dein Vorhaben wieder zurückzukommen. Wie einmal die Welt ist, macht sie aus deiner Bescheidenheit Unbedeutendheit.

Weise ist derjenige, der zugleich gut von Natur und gut aus Ueberzeugung ist. Mit andern Worten der, dessen Verstand ihn zwingen würde, gut zu sein, wenn er nicht schon gut von Natur wäre.

Der schönste Schmuck eines großen Menschen ist seine Harmlosigkeit. Freilich gehört selbst eine Art Größe dazu, sich in die Natürlichkeit und Einfachheit eines großen Menschen finden zu können.

Die Zeit.

Gereiche es dir zum Trost, daß, wie ein Bild, alles Schöne und Gute, bis es erkannt wird, erst nachdunkeln muß.

Immer mehr werden in unsern Tagen die Schäden zum Ausbruch kommen, wo man am Körper Europa's auf die Symptome curirt hatte, während der Sitz des Nebels in der Tiefe lag.

Ihr klagt über unsern Mangel an freier Bewegung, über unser vom Staat bevormundetes Leben, und gebt nur einmal einigen Männern, etwa in einem Comité, in einem gewählten Vorstand, eine Gewalt, eine Berechtigung, etwa an einen zum Dienen Verpflichteten Befehle oder Verweise ertheilen zu dürfen, wie werft ihr euch in die Brust, wie umgebt ihr euch mit dem Nimbus der Offizialität, wie versteht ihr sogleich die Tyrannen zu spielen!

Im achtzehnten Jahrhundert hatten die Menschen eine Leidenschaft, sich gegenseitig groß und bedeutend zu finden. Im neunzehnten kann man sich nicht genug bis ins Armseligste anatomiren.

Die Welt wird noch Dinge erfüllt erleben, von denen man jetzt nicht das Aussprechen der leisesten Ahnung dulden würde. Unwiderstehlich ist die Macht der Natur und Gerechtigkeit.

Ich habe Ahornbäume so gestutzt und zersägt gefunden, daß sie hölzernen Kandelabern glichen. Jahrelang trieben sie kaum noch einige Blätter, bis sie sich doch zuletzt wieder mit ihrem vollen grünen Schmuck bekleideten. Sie glichen Völkern, die man für überlebt erklären will.

Dahin haben wir es denn doch gebracht, daß unsere Geheimenräthe, die wirklichen mit Excellenzrang, einsehen, Politik treiben heißt einen Puls mit bedeutend mehr als siebzig Schlägen in der Minute haben. Sie brauchen nur auf ihre Chefs, die Herren Minister, zu sehen, wenn diese aus den Kammern kommen oder neue Wahlen anordnen. Die Vorläufer des Fortschritts, unsere armen Märtyrer aus den Zeiten nach den Befreiungskriegen, schickte man, nur wegen dieses beschleunigten Pulsschlags, auf Festungen und in die Zuchthäuser.

Welche Fortschritte hat doch unsere Zeit im Religiösen gemacht! Ein neuerer Dichter nennt seine geistlichen Gedichte auf dem Titel selbst schon »Fromme Lieder.« Ob wol je Paul Gerhard oder Gellert gewagt hätten, die ihrigen so zu nennen?

»Gläubige Jünglinge – « werden aufgefordert, sich zu melden, wenn sie in ein Seminar eintreten wollen. – Wenn ein Faust verzweifelte und dann von Ostermorgengesängen mit Rührung ergriffen wird, wenn er den Glauben der Kinderseele aller Weisheit der Welt deßhalb vorzieht, weil uns dieser in die Zeit zurückführt, wo wir noch schuldlos waren und die Leidenschaften des Lebens nicht kannten, dann mag man von »Gläubigkeit« des Jugendgemüths sprechen. Aber Jünglinge, die kahlen Bäumen gleichen, die sich erst belauben sollen, Jünglinge, die sich mit den Runen der Wissenschaft erst die leeren Seiten ihrer Seele zu füllen haben, Jünglinge der Unreife, die schon einen geschlossenen Phalanx bewußter Christlichkeit bilden wollen, welche trübe Verirrung des Zeitgeistes! Die Fürsten und die Minister glauben zwar, weil der Widerspruch gegen diese Erscheinungen nur im Allgemeinen schwach ist, so würden sie von der öffentlichen Meinung gebilligt. Sie irren sich. Die Stille im Lande über dies heuchlerische Gebühren ist nur die Folge der Furcht. Nicht so sehr der Furcht, sich die allerdings fast unerläßliche Gunst der Großen zu verscherzen, als jener, durch Widerspruch den Geist der Unzufriedenheit zu mehren, den jene so bewußt gepflegte Gläubigkeit entfernen soll. Man will es den Regierungen glauben, daß die Gefahren der Anarchie groß seien, man hat diese Anarchie erlebt und wünscht nicht ihre Wiederkehr. Aber nur daher jenes Schweigen. Es ist das Schweigen des Geschehenlassens, nicht der Zustimmung. Die Familienväter machen es in der Stille mit ihren Kindern ab, daß auf geistig freien Wegen kein Heil mehr in dieser, nach der einen Seite hin gedankenlos frivolen, nach der andern gedankenlos bigotten Welt übrig bleibt. In der geringen Frequenz theologischer Hörsäle und der Seminarien liegt eine Mahnung. Wer sie hören wollte!

»Partei« nennen manche Wortführer einen isolirten Desperationsstandpunkt, auf welchen nur sie allein durch Zufall, Ungunst des Geschicks oder ein Uebernehmen ihrer Kräfte gerathen sind.

Die Schmalkaldner Fürsten hatten es bitter zu bereuen, als sie Karl den Fünften von jener liebenswürdigen Seite beurtheilten, die ihnen der Verschlagene auf den Reichstagen zeigte. Sie unterschieden nicht, was an ihm das Bleibende und Vergängliche war. Auf diese Art scheinen unsere Juristen jetzt an den Verbrechern irr geworden. Sie besuchen sie in ihren Gefängnissen, suchen ihrer innersten Natur beizukommen und lassen sich durch Treuherzigkeit, durch die Momente des Ausruhens und der Ansammlung neuer Kraft so sehr täuschen, daß sie durch ihren Glauben an bildsame und noch zu bessernde Naturen unsere ganze Strafgesetzgebung zu verwirren anfangen.

Wenn der Staat so zum Vielfraß geworden ist, wie gegenwärtig, dann haben die Lassallianer eigentlich recht, wenn sie verlangen, daß er lieber unsern ganzen Menschen in Entreprise nimmt.

Die Russen tadeln im Auslande Alles – mit Ausnahme dessen, was sie sich zufällig gekauft haben.

Systemveränderungen, Glaubensmetamorphosen und ähnliche Revolutionen unseres Innern, zu denen man im Alter Jahre braucht, machen wir in der Jugend oft in wenigen Stunden durch.

Allerdings ein müßiger Gedanke – : Wenn uns Goethe in unserer Literatur fehlte und wir Das, was er uns war und ist, erst zusammensetzen müßten aus Lessing, Klinger, Herder, Heinse und Andern! Und doch ist es uns oft so, als fehlte in unserm deutschen Geisterreiche noch ein großer Herrscher, für dessen Begriff wir hier und da nur Anleihen machen können und für dessen Herstellung selbst Goethe nur einen verhältnißmäßigen Bruchtheil abgeben würde.

Von allen Heilmitteln der Seele ist die Zeit zwar das wirksamste, aber auch das kostspieligste. Man muß es mit einem unwiederbringlichen Dasein bezahlen.

Jeder jüdische Kämpfer, der auch noch nach der Emancipation seiner Glaubensgenossen in den Reihen der Streiter für die allgemeine geistige und bürgerliche Freiheit ausharrt, zählt für zwei.

Die gesunde Vernunft am Cigarrenrauchen kann doch wol nur die sein, daß das Spiel des allmähligen Vertilgens eines glimmenden Stengels von zusammengerollten Tabaksblättern ein müßiges

Behagen weckt. Addirt man nun die Millionen solcher Stengel, die täglich in der Welt vertilgt werden, welcher unendliche Ueberschuß von Zeit, Gefühl des Glücks und Behagen wird bewiesen!

Er hatte für die Leiden seines Volks ein offenes Ohr und ein fühlendes Herz, aber keine helfende Hand! Das wird die Geschichte an den Sarkophag der meisten Herrscher schreiben müssen.

Wenn es auch wahr ist, daß sich selbst der redlichste, der beste Charakter, den man mit irgend einer Aufgabe in die Mitte einer gewaltig sich bewegenden und leidenschaftlich durcheinander taumelnden Welt stellt, ohne List nicht behaupten kann, so ist es doch noch immer nicht nöthig, daß die Biedermänner in solcher Lage auch gleich gar so durchtrieben werden.

In Athen trat zuweilen eine Niederschlagung aller schwebenden Wucherfragen ein, die Seisachthie. Rom hatte seine Diktatur, die das Wahren und Befolgen der herrschenden Gesetze dem Belieben eines Einzelnen überließ. Papst Sixtus V. verordnete tägliche Hinrichtungen, um endlich Rom von einem Raub- und Mordgetreibe, das überhand genommen, zu befreien. Wie nun, wenn die Unsicherheit in unsern großen Städten, z. B. Berlin, nicht länger mehr zu ertragen sein wird, für den unaufhörlichen Kampf der Sicherheitswächter mit einem verwilderten, bestialischen Theil der Bevölkerung die Kräfte nicht mehr ausreichen, die Gefängnisse immer mehr von den Uebelthätern zwar für eine schlimme, aber doch noch nicht die schlimmste Chance betrachtet werden, da sie dort Obdach und Nahrung finden, und dies Elend immer höher und höher steigt, ja die Bedingungen unseres gesellschaftlichen Zusammenlebens ganz aufhören läßt – würde nun da der entschlossene Wille, mit einer so gottverlassenen Brut, die sich nur außerhalb des Gesetzes erhalten will, endlich einmal aufzuräumen, in unserem Verfassungsleben und namentlich bei den Advokaten Hülfe und Beistand finden? Oder erleben wir noch den Krieg der ehrlichen Menschen gegen die unehrlichen und für Fürsten und Staatsmänner die Notwendigkeit, über alle human klingenden Phrasen hinweg, mitten im Frieden einen permanenten Belagerungszustand erklären zu müssen?

Gedankengemeinplätze und auch gewisse Bilder haben ihre Modezeit und periodische Wiederkehr. So war vor dreißig Jahren die

»tönende Memnonssäule« im Gebrauch. Die realistische Gegenwart hat es mehr mit dem »rothen Faden.«

Die historische Vergangenheit unseres Erdballs und die Erzählung seiner politischen Geschichte scheint die Schule zur historischen Tugend nicht mehr bleiben zu wollen. Denn findet man da nicht eine nicht endende Galerie von Bildern des Rechts und Unrechts, vom bejammernswürdigen Kampf des schwachen Guten mit dem mächtigen Bösen? Unsere Zeitgenossen haben darum auch immer mehr Neigung, den Blick abzuwenden von dem, was uns durchaus die Vergangenheit lehren soll. Der Aufblick ins All, die Anknüpfung unseres Erdenberufs an die Geheimnisse des Universums im Allgemeinen haben eine Würdigung der früheren Begebenheiten unseres Erdballs hervorgerufen, deren wunderbare Macht in allen Gebieten der Tradition riesenhafte Wirkungen hervorzubringen scheint und uns sogar ermuthigen kann, anzunehmen, daß die, welche unsere Geschichte immer wieder den Leidenschaften der Nationen und Dynastieen überantwortet wissen wollen, schon, im Beginn ihrer Verbrechen gegen den Geist der Zeit vom Gericht der öffentlichen Meinung so gekennzeichnet sind, daß sie ohne Kampf erliegen müssen, ohne Widerstand geschlagen sind. Es rauschen die Pforten eines Zeitalters auf, wo die alten Annalen der Geschichte zwar eine gewisse Beweiskraft nie verloren haben werden, diese aber mit den heiligen Urkunden einer erhabenen und tief in die Massen eingreifenden Naturbetrachtung werden theilen müssen, einer Naturbetrachtung, die uns jetzt schon lehrt, Vieles geringfügig zu achten, was uns in den alten Tagen der Spittler, Schlözer, Dohm u. A. mit Furcht und Schrecken erfüllte.

Den Fürsten nahen sich nicht so viele Schmeichler, wie den Völkern Aerzte ihrer Leiden, Propheten ihrer Schicksale, Ausleger ihrer Träume. Seit fünfzig Jahren ist dieses Zuhofegehen bei des Volkes Majestät, dies Hutabziehen und Demüthigen vor dem großen ungekrönten Souverän, Masse genannt, Mode geworden. Was schwänzeln und fliegen die Kammerherren nach den Winken dieses oft so ungnädiger Gebieters! Der Souverän, heißt es in der Regel, liegt in Elend gehüllt, auf Stroh hingestreckt und die hohen Agnaten und Cognaten, die Vetter-Liebden und Schwäger Durchlauchts, die ein-, zwei-, dreijährigen Buben und Mägdlein, schreien nach Brot und Kartoffeln, und vor ihnen knien alle Weisen des Morgen- und

Abendlandes, singen Lobgesänge und räuchern mit Myrrhen und Aloe. Kein Potentat genießt so viel Verehrung wie jetzt das Volk. Für die Heilung seiner Schäden und Gebrechen werden Preise ausgeschrieben, tausend Vereine sind ihm zu Liebe schon gestiftet worden und abertausend sind im Entstehen begriffen, alle Parteien der Welt drängen sich zu dem hohen Patienten, fühlen ihm den Puls, bieten ihm Arzneien, ihren leiblichen und geistlichen Trost an, und die Poeten, die nun vollends, die sich doch sonst vom Volk die Schleppe tragen ließen und sie jetzt dem Volke tragen, kommen auf den Zehen, wickeln ihre Verse in den Abfall des Volkselendes, verwässern ihren Nektar, verdünnen ihre Ambrosia, Alles, Alles dem »Volke« zu Liebe, dem großen majestätischen Gebieter des Jahrhunderts. Es ist auch da eine Grenze, wo die Wahrheit aufhört und die Mode anfängt.

Hätte man doch noch die alte Sitte, daß sich die Könige vor die Fronte ihrer Armeen riefen und ihre Händel durch Zweikampf ausmachten – ! Einige Gänge – und Ruhe und Friede wäre in der Welt.

Wann wird die Zeit anbrechen, wo sich die Fürsten nicht gegenseitig ihre Throne, sondern die Völker gegenseitig ihre Freiheiten verbürgen?

Es zieht sich jetzt durch die ganze, auch die deutsche Welt ein eigentümlicher, blasirt genußsüchtiger, witzelnd ironischer, selbstgenügsam frivoler Ton, der dem Ernsten, Gesinnungsvollen und Schwunghaften um so mehr aus dem Wege geht, als leider auch genug aus dem Schoß der Wissenschaft und Kunst heraus selbst geschieht, um eine nüchterne, ja dummdreiste Verachtung des Ernsten und Gesinnungsvollen auf den Thron zu setzen. Eine altkluge Zweckmäßigkeit, eine cigarrenrauchende gesunde Menschenverstandslogik hat sich mit der »Respektabilität« der materiellen Interessen und den *faits accomplis* der politischen Reaktion so eng verschwistert, daß sie einen Geist zur herrschenden Tonangabe machten, der ungefähr die Anschauungen von Rittergutsbesitzern beim ersten Glase Champagner nach verkaufter Wolle als die mittlere Durchschnittsintelligenz unseres Zeitalters hinstellt. England zeigt ein Heilmittel gegen diesen »Snobbismus« – politisches Ehrgefühl.

Wenn wir um uns blicken, so finden wir Kunst- und Literaturperioden, die im Abschluß begriffen sind, entwickelte Sprachen, die nur noch wenig einer weiteren Mehrung bedürfen, sociale Verhältnisse, die jede originelle Entwickelung unterbrechen – der Stifter einer neuen Religion würde jetzt in die Hände der Gerichte oder der Irrenärzte gelangen. In einer solchen Zeit sollte das, was sie noch, auf ihrem unfruchtbaren, so steinigen Boden hervorbringt, gerade um so höher geschätzt, gerade um so liebevoller gehegt werden.

Es wird bekanntlich auf unseren Universitäten gelehrt, daß zu geschichtlich bedeutenden Schöpfungen, welche die Gesetzgeber vorschlagen und die Völker ausführen sollen, ein »naturwüchsiger« Grund und Boden gehöre. Man rühmt England, das eine Verfassung besäße, wie auf Felsen gegründet. Auch in Frankreich, wo so vieles durcheinander schwankt und auch ganz seit einigen Menschenaltern zum Sturz gekommen ist, spricht die von der Militärherrschaft begeisterte Staatsweisheit, besonders die der Börse, seit einiger Zeit mit besonderm Nachdruck von dem zu wahren geschichtlichen Bauten nothwendigen *Granit*, großartigen Quadern von Gesetzen, Felsblöcken von Institutionen, metallischen Grundlagen von Kugeln und Kanonen.

Gervinus hat ganz im Widerspruch mit diesen Anforderungen der deutschen Katheder und der Pariser Börse eine Ehrenrettung jener historischen Baukunst gegeben, die auf nicht viel mehr als *auf Sand* baute. Er erzählt in seiner Geschichte unseres Jahrhunderts die allmählige Bildungsgeschichte Nordamerika's, eines so wenig naturwüchsigen Staates, und gibt ihm das Zeugniß, daß derselbe mit den staunenswürdigsten Erfolgen des Glücks und der Macht Europa plötzlich eingeholt hätte. Wie, man will lehren, Volksherrschaft könnte nur auf kleinem Raum gedeihen? Die Union hat ein unermeßliches Ländergebiet. Solchen Verfassungen, die leicht verändert werden können, gibt man Schuld, daß sie keine Pietät erwecken könnten, und überall zeigt sich in Amerika die Anhänglichkeit an bewährte junge Gebräuche. Nordamerika hat die allgemeinste Toleranz in Religionssachen und ist doch in seinem Durchschnittscharakter religiös. Es hat keine Militärmacht und ist doch kriegerisch. Es ist von einer Bevölkerung aus aller Herren Ländern zusammen gesetzt und diese glüht von Vaterlandsliebe. Nur Unbemittelte gelangen dort zu Staatsämtern und die Verwaltung ist musterhaft in ihrer Sparsamkeit. Kurz Alles wurde dort auf Sand, nichts auf Granit gebaut, und das Menschenleben wächst, blüht und gedeiht dennoch. Unsere Universitätsprofessoren werden mit der Zeit viele Paragraphen aus ihren Collegienheften ausstreichen müssen oder wenigstens in Noten unter dem Text das mögliche Vorhandensein einer anderen Weltordnung, als sie oben lehrten, anzuerkennen haben.

Ueber einen gescheiterten Idealisten lacht ihr – ! Um Phaethon, der den Donnerwagen lenken wollte und zu schwach war, die Zügel zu führen (er stürzte, wie Prudhomme, Louis Blanc, wie die bessere »Linke« der Paulskirche), weinten die Heliaden so lange, bis sie in zitternde Erlen verwandelt waren. Ihre Thränen flossen so reichlich, daß sie sich zum Bernstein verdichteten.

Die Juden glauben an einen siebenten Himmel. Dann kann den rumänischen die Erde kaum der erste sein.

Die alten Aegypter beteten Kühe und Stiere an. Das seltsam unruhige, hitzige Temperament der Juden machte, als sie aus Aegypten kamen, bereits die Kälber zu Götzen.

Der rechte Zeiten- und Weltweise sieht auch diejenigen Sternschnuppen, die am Tage fallen.

Wohin gerathen wir! Schon hat Montesquieu gesagt, daß nur diejenigen Gesetze gute wären, die schon die Sitte und das Bedürfnis vorgeschrieben hätte! Nun vergleiche man die anschwellenden Gesetzes-Folianten, die Verordnungen, die täglich erscheinenden, und – unsere Wünsche!

Seitdem sich die Schulmänner und Philologen des Studiums der altdeutschen Sprache bemächtigt haben, kommen sich diese Herren genial vor. Sie tragen denselben Zopf, ob er nun Cicero oder Walther von der Vogelweide heißt.

Die Stände.

Das beste Mittel zur Bildung des Volks ist unser Beispiel.

Dienende kann man durch nichts so sehr belohnen, als durch Vertrauen. Einen von einem Diener gewechselten Thaler ungezählt zurücknehmen, macht ihn unter Umständen glücklicher, als ein Trinkgeld.

Dem gemeinen Mann muß man, um ihn auf dem guten Wege der Ehrlichkeit zu erhalten, öfters gestatten, davon einiges Aufhebens zu machen. Nähme man ihm die laute Freude und sogar ein oft prahlerisches Lärmen über einen so außerordentlich fleckenlosen Ruhm, so würde man ihm die Lebensluft beengen und sich vielleicht gar das gute Spiel mit ihm verderben. Darum ist für den sittlichen Kern eines Volks mit dem Uebermaß von Humanität auf dem öffentlichen Strafgebiet Gefahr verbunden.

Einen unmotivirten Fußtritt des Zorns oder Uebermuths trägt der Hund seinem Herrn nicht nach, und in schreckhaftem Grade imponirt dem gemeinen Mann Herzlosigkeit.

Wird der Philister großartig, so platzt in der Regel die Baßgeige.

Das natürliche Gleichgewicht im Leben stellt sich immer wieder her – Söhne von Bedienten sind in der Regel anspruchsvoll, wenn nicht stolz.

Auf einem Verwaltungsposten, wo man unaufhörlichen und allseitigen Bittgesuchen ausgesetzt ist, gewöhnt man sich bald ein summarisches Neinsagen an. Es gehört Milde des Gemüths und ein angeborner Gerechtigkeitssinn dazu, in dieser vielleicht an sich unerläßlichen Kunst des »Erledigens« nicht auch allzu gedankenlos zu werden.

Eine der schmerzlichsten Erfahrungen, die der Menschenfreund täglich machen kann, ist die ruhige Gewöhnung des Dienenden an den Mißbrauch der Macht.

Wir wollen nicht alles preisen, was man vom Volk zu hören bekommen kann. Aber verachte man es doch erst dann, wenn man ihm Gelegenheit gegeben hat, sich auszusprechen.

Wer Schriftsteller ist, habe an seinen Fingern getrost Tinte.

Um in unsern kleinen Residenzen nur einigermaßen erträglich leben zu können, hat man sich daselbst nicht einzubürgern, sondern einzuadeln.

Ein Intendant der königlichen Schauspiele trat sein Amt mit der bescheidenen Erklärung an: »Meine Herren, ich verstehe von dem Amt, das mir die Gnade Sr. Majestät übertragen hat, so gut wie nichts, aber ich hoffe, es noch mit Ihrer Hülfe zu erlernen!« Drei Jahre darauf war der bescheidene Mann die Anmaßung selbst. Er hatte das Nichtverstehen seiner Aufgabe in ein geregeltes System gebracht.

Wie trivial ist der Satz, daß Große nicht die Wahrheit erfahren können – und wie ist er doch so wahr und so ewig neu – !

Was nennen die Reichen Arbeit! Wir kannten einen Fürsten, der in allem Ernst auf die Oekonomie stolz war, sich die Wappen seiner Briefpapiere selbst zu malen.

Wie die Großen rechnen lernen – ! Adalbert Stifter erzählte mir, er hätte in Gegenwart der Fürstin M. ihren Sohn, dessen Lehrer er war, die Aufgabe machen lassen, zu berechnen, wie viel zwölfkaratige silberne Löffel sich aus sechs Dutzend dreizehnkaratigen herstellen ließen, wenn jene ein Loth schwerer hätten wiegen sollen, als diese. Der junge Prinz rechnete und rechnete. Endlich unterbrach die durchlauchtigste Frau Mutter seine Anstrengungen mit den zornigen Worten: »Aber bester Herr von Stifter, wenn dergleichen bei uns vorkommt, so schickt der Ouvrier einfach die Rechnung und wir bezahlen sie!«

Sei glücklich in deinem Entbehren, wenn du die Qualen der Reichen und Vornehmen siehst! Diesen kann es ja schier Herz und Verstand wegnagen, wenn ihr Fürst schon seit Jahren mit der Verweigerung irgend eines Titels oder eines höheren Ordensgrades ein Neck- und Versteckspiel mit ihnen treibt.

»Ich habe mich um einen Orden beworben! Nicht wegen meiner, sondern um meines Weibes und meiner Kinder willen, denen ich gar zu gern eine Freude bereitet hätte – !«

Wer Fürsten erziehen will, soll vorzugsweise ihr Gedächtniß ausbilden. Ein Herrschender soll den Leichtsinn und die Intriguen seiner Umgebungen, die nur die Erinnerung an das Nächste und an sie selbst zu schüren suchen, nicht nur dadurch überraschen, daß er Namen und Thatsachen der Vergangenheit, sondern auch Wünsche und Vorsätze für die Zukunft behält. Er soll kein Taschentuch zu sich stecken, ohne daran gleichsam auf gemachte Knoten zu fühlen.

Große wünschen, daß man zuweilen etwas von ihnen erbittet, und können es nicht gut ertragen, wenn man sie umgeht. Gewähren oder abschlagen, beides erhöht ihre Würde.

Du Thor, du kommst aus dem Palast eines Großen, aus dem Schloß eines Fürsten und denkst mit behaglicher Hoffnung: welchen Eindruck hab' ich ihm wol gemacht? Der Fürst aber, der große Staatsmann spricht im selben Augenblick zu sich ganz das nämliche, aber nur in Bezug auf sich: »Welchen Eindruck hab' Ich ihm wol gemacht – ?«

Aufzuhorchen, welche Wendungen die Wahrheit nimmt, um sich dem Thron zu nähern, sollten früh die Fürsten angeleitet werden. Aber sie verstehen es auch schon von Natur. Ein noch lebender Dichter fiel in Ungnade, als er seinem Monarchen ein Gedicht widmete, worin er dessen Herzensgüte pries. Der Fürst begriff sehr wol, es sollte so viel heißen, als, es fehlte ihm an Verstand.

Erziehung.

Jedes Kind, das zur Welt kommt, predigt sogleich das Evangelium der Liebe.

Nein, nicht zum Entbehren erziehe die Deinen, nur zum mäßigen Gebrauch dessen, was sie besitzen.

Die Erziehung soll frühzeitig die Kritik wenn nicht aller, doch der meisten Wünsche des Herzens sofort an die Beantwortung durch den Verstand verweisen.

Wir sind viel zu schnell bei der Hand mit dem Urtheil, daß uns dies oder das durch die Natur versagt wäre. Ein wenig mehr Fleiß und es stellt sich das Gegentheil heraus.

Wenn Erzieher ihren Zöglingen die Schwärmerei widerrathen, so thun sie im Grunde kaum etwas anderes, als sie zur Herzensträgheit anleiten.

Früh soll auch das Weib wollen und wählen lernen. Weibliche Würde ist etwas Angebornes, mehr aber noch eine Errungenschaft.

Lehne kein Geschenk ab, das dir ein Kind anbietet – ! Wäre deine Ablehnung auch noch so gut gemeint, sie würde Entwickelungskeime stören.

Am sichersten wird in der Erziehung das Gute nicht durch die offene Mahnung um des Guten willen, sondern durch eine lebhafte Darstellung der Folgen des Schlimmen hervorgebracht.

Von einem Baum, der noch in Blüthe steht, mußt du nicht schon Früchte erwarten.

Bei Schauspielern gilt es für eine praktische Regel, daß man mit der Mehrzahl derselben nicht in theoretischen Ausdrücken sprechen kann, wenn es sich um die Auffassung einer Rolle oder das feinere Verständniß irgend einer einzelnen Stelle handelt. Man muß ihnen die Meinungen, die man anschaulich machen will, in eine zugänglichere, praktische Ausdrucksweise übersetzen. Auch in der Erziehung und in manchen Lebensbezügen überhaupt bewährt sich diese Regel. Wem man Tage lang gepredigt hat: »Sei gleichmäßig in deinem Wesen zu den Menschen, bleibe deinen Vorsätzen treu, sei in deinem Umgang an Haltung und Ton würdig!« der wild oft umsonst suchen und suchen, wie er es anstellen soll, dieser Vorschrift nachzukommen. Sagt man ihm aber: »Sei geistig *vornehm!*« so versteht er sogleich was gewünscht wird und sucht es nach Kräften zu treffen.

Es ist lange nicht so thöricht wie es klingt, wenn man sagen wollte: der Jugend muß man auch Unterricht im richtigen Fühlen geben.

Ein wunderbar latenter Zustand – die der elterlichen Strenge zu Grunde liegende elterliche Liebe – !

Früh lehre man die Kinder, sich über eine erlittene Kränkung, einen bitter empfundenen Schmerz der Klage enthalten.

Die höhere und seelische Erziehung hat die Aufgabe, die Eingebungen der Natürlichkeit mit den Gesetzen des guten Tons so in Harmonie zu bringen, daß man gebildet wird und doch natürlich bleibt und natürlich bleibt bei aller Bildung.

Die Identität der Person pflanzt sich mehr von Mutter auf Tochter, als von Vater auf Sohn fort.

Bei klugen und herzensguten Kindern ist die beste Methode, einen starren Willen zu brechen, Nachgiebigkeit.

Grob ist besser als fein, bei Handtüchern und in der Erziehung.

Der Schatz des Alterthums liegt für die Menschheit im Großen und Ganzen fast noch unangebrochen da. Man wird ihn erst heben, wenn man auf den Schulen die alten Klassiker in Uebersetzungen liest und das Studium des Urtextes den Gelehrten überläßt.

Du freust dich des Kindes, das dir auf einer Wanderung durchs Feld Blume um Blume pflückt und dir jede Handvoll, die sein Eifer zusammengebracht hat, als glückliche Trophäe reicht – ! Ist dies endlose Pflücken und Sammeln nur die Entfaltung eines sinnigen Gemüths? Ist es im Kinde nur das, was du selbst aus deiner Stimmung hineinlegst – ? Schlimmes wird es im Gemüth des Kindes wol nicht sein, aber doch vielleicht etwas andres, als es dir zunächst erscheint.

Merkwürdig, wie kluge Menschen jahrelang ihre Eitelkeit verbergen konnten. Allen blieb sie zweifelhaft, bis sie plötzlich an ihren Kindern, wenn sie deren haben, hervorbricht. Sich sicher glaubend unter dem Deckmantel der Elternliebe, zeigen sie sich mitunter im Würdigen und Fördern ihrer Kinder wie vollkommne Narren.

Wenn Shakespeares Polonius seinem nach Paris reisenden Sohn Laertes eine Reihe beherzigenswerther Lebensregeln mit auf den Weg gibt, so möchte man glauben, er hätte folgende Unterweisung des Grafen Eberhard von Erbach an seinen Sohn Georg aus dem sechzehnten Jahrhundert vor Augen gehabt:

»Lieber Sohn, biß gottesfürchtig! Bet morgens und abends vleißig, gedenk' in all deinem Thun an Gott! Geht dir's wohl, so dank' ihm, geht dir's übel, so klag's ihm. Gedenk, daß alles Glück und Unglück von Gott kommt und bald ein Ende nimmt. Erkenne dich vor einen armen Sünder, glaub, daß dich der Sohn Gottes Jesus Christus hab' mit seinem Blut erlöset; beharr darauf und bekenne es bis ans Ende, so wird er dich wieder bekennen vor Gott, seinem himmlischen Vater. Biß nicht hoffärtig, halt aber deinen Stand ehrlich. Sey wahrhaftig! Halt was du zusagest und ob dir Leib und Gut drauf ging, denn wenn du leugst in Schimpf oder Ernst, so bist du ein Teufelskind, der ist ein Vater der Lügen. Sey züchtig mit Worten, Gebärden und Werken. Schände Niemands Weib oder Kind. Sey kein Palger; aber wenn man die Fähnlein fliegen läßt, dann biß keck und fliehe nicht; dann es ist besser ehrlich gestorben, denn schändlich geflohen. Sei nicht verthunisch, biß aber auch kein karger Filz; zu Ehren spare nichts. Rede niemandes übell, gedenk' allzeit an dich selbst, daß du auch ein armer Mensch bist. Nicht handle fälschlich mit den Leuten, handle frei und rund, das bestehet am längsten; doch lerne die Leut wohl erkennen, denn gegen einen frommen mußt du wieder fromm sein. Vor einem falschen hüte dich und rede gegen ihn desto langsamer. Die nothdürftigen Armen laß dir befohlen sein; Schmeichler, Gotteslästerer und Schalksnarren laß dir nicht wolgefallen. Wer dich straft und dir wol räth, den habe lieb. Treue Kirchen- und andre Diener habe sehr lieb, lohn' ihnen nach deinem Vermögen. Untreue Diener laß mit Güte von dir kommen, behalte sy nicht. Jedermanns Schand hilf decken; doch wenn du regierst, so strafe das übell. Biß denen, die unter dir sind, ein Vatter; nicht beschwere deine Unterthanen über die Billigkeit: dann dieselb Nahrung hab' ich oft übel sehen gerathen. Halt hart über dem Frommen und ob ihm schon bisweilen eine Thorheit widerfährt, so straf aber mit Vernunft, soviel dir gebühret. Hüte dich vor dem Zutrinken, daraus, spricht Sankt Paulus, kommt ein unordentlich Leben.«

Zwei Jahrhunderte später übersetzte ein alter preußischer Dragoneroberst, der unter Friedrich II. gefochten hatte, Freiherr Johann Karl Friedrich von Eberstein, diese Lehren an seinen auf die Leipziger Hochschule gehenden Sohn Wilhelm, nachdem derselbe im Kriegsdienst bereits als Cornet verwundet und zum Verbleiben unter den Fahnen seines königlichen Herrn untauglich geworden war, in die Anschauungen eines durch die Nachahmung der Pariser Sitten doch noch nicht ganz um seinen bessern Kern gebrachten Zeitalters.

»Reichthum und Mittel,« schreibt der alte Kriegsheld unter anderem, »habe ich nicht. Darauf darfst du dich keinen Staat machen. Doch habe ich es in meinem sauern Dienst soweit gebracht, daß meine Kinder nicht vor anderer Leute Thüre Brod suchen dürfen. Ich werde alles an dich wenden, was meine Umstände mir erlauben; im Gegentheil aber kannst du auch versichert sein, daß ich einem widersinnigen ungerathenen Sohn nicht das allergeringste gebe, sondern ihn sich, als seinem eigenen Macher, lediglich überlasse. Ich gebe dir einen Hoffmeister mit, weil du noch unerfahren bist. Weiß ich auch wohl, daß du dieses vor ganz überflüssig ansiehest, und mehr zu wissen glaubst, als ich und viele kluge Leute, so irrst du dich doch hierin in der Wahrheit. Diesen Mann gebe ich dir mit, considerire ihn als deinen Vater. Er soll dich auf der Reise in Gesellschaften und in denen Collegiis begleiten, beständig mit dir discouriren; er soll dich die Arten der Menschen kennen lernen und wie man sich in der Allgemeinheit und insbesondere gegen jede Art dieser Menschen zu verhalten habe. Hütte dich für dem Spiel, für dem Trunk und für dem weiblichen Geschlecht als vor drey Quellen, woraus in dieser Welt alles Unglück für einen jungen Menschen gewiß stießet. Versäume das Gebeth nicht, halte Gott und der Welt Heyland Jesum stets in deinem Herzen, bitte ihn ohne Unterlaß, daß er dich mit seinem heiligen und guten Geist regiere, leite und führe dich. Sey hiernächst gegen Jedermann, auch gegen den geringsten, höfflich, aufrichtig ohne Falsch. Achte einen Jeden klüger, weiser, vernünftiger und besser, als du dich selbsten achtest. Sey aber auch klug und wisse, daß die ganze Welt im Argen lieget und viele falsche, hinterlistige, böse Menschen darinnen seyn. Aplicire die Worte des Heylands hier: seyd einfältig wie die Tauben und klug wie die Schlangen! Sey allzeit wirthschaftlich! Sey in deinem Anzuge reinlich, aber nicht prächtig! Zur Reitkunst rathe dir, dich noch etwas zu apliciren. Lerne auch einige Mohnate fechten. Außer diesen beiden noblen Künsten weiß ich keine, so dir nöthig sein könnte, und will kein Geld auf Tanzen, Voltigiren und dergleichen verwenden. Die Music übe zu deiner Recreation dergestalt, daß es nicht viel Geld kostet und dir die edle Zeit nicht verloren geht. Suche dich bei Leuten, welche wegen ihrer Dexterité und Droitüre in gutem Ruf und Ansehen stehen und welche dereinst Werkzeuge zu deinem Glück abgeben können, besonders bekannt zu machen, dich bei ihnen zu insinuiren und ihre Freundschaft zu erlangen. Hüte dich in ihrer Gesellschaft zu voreilig, spitzfindig oder ruhmräthig zu sein. Höre vielmehr, als du selbst sprichst. Gib Acht allezeit, wo Andre hinauswollen. Nimm dich mit denen sogenannten Bon Mots in Acht, denn man schlägt einen Andern leicht damit in die Augen und kann dann viel Ungelegenheiten haben. Gib Niemand Gelegenheit zu Händel! Verabscheue das niederträchtige Raufen, halt aber steif und fest auf deine Ehre! Wirst du dazu genöthigt und die Sache kann mit Conservation der Ehre nicht änderst abgemacht werden, so befiehl dich Gott und sei muthig und scheue weder Pistolen noch Degen. So lange du aber dieses *Extremum* vermeiden kannst, so vermeide es. Sind deine Studien vorbei, so hast du deine Freiheit, einen *Employ* zu erwählen, so dir gefällig. Nur bedenke immer, wozu du *capable* bist.«

Das Geschlecht.

Das Wort »Lieben« wird durch jeden Zusatz schwächer. »Ich liebe dich wie mein Leben!« – oder »Ich liebe dich sterblich!« – ist lange nicht so viel, wie das einfache: »Ich liebe dich!«

Lieben heißt, nur um eines einzigen Menschen willen auf Erden sein, für ihn nur athmen und wachen, ihm jede Freude, die uns beschieden, voll und ganz abtreten, jeden Schmerz, der ihn treffen könnte, auf uns voll und ganz übernehmen, seiner äußern Erscheinung, selbst wenn sie die Welt wenig würdigt, Schönheiten abgewinnen, die Niemand zu sehen die rechten Augen hat, seinem innern Wesen, ob ihm auch die Größe der bevorzugten Geister fehlt, gerade dasjenige ablauschen, was, wenn es den bevorzugten Geistern fehlen sollte, diese vor dem Geliebten herabsetzen würde, für jeden Fehl, der an einem, wie wir alle, nun einmal Menschlichgearteten nicht weggeläugnet werden kann, eine neue Tugend als Ersatz entdecken, ihn in seiner Stimmung nehmen wie das Wetter, das wir uns von Gott so müssen wie gegeben gefallen lassen und für alles das die lohnende Gegenliebe nicht darin finden, daß der Geliebte uns ganz ebenso wieder liebt, uns die gleiche Form der Liebe widmet, nein, nur daß er die Form duldet und nicht stört, die unsre eigene Erquickung, Erhebung, unser Leben ist.

Die wahre Liebe ist die treue Begleiterin der Alltäglichkeit.

Sei dir doch ja die Liebe kein »räthelhaftes« Gefühl. Du sollst suchen, dir klar zu machen, warum du liebst.

Anatomisch genommen lieben wir nicht mit dem Herzen, sondern eben so, wie wir denken, nur mit dem Kopf. Darum sollte man nur da von einem »gebrochenen Herzen« sprechen, wo bereits die Saiten der Vernunft gerissen sind und der Geist sich in dunkeln Wahn verhüllte.

Die Täuschungen der ersten Liebe sind darum so rührend, weil sie uns meistentheils auch zugleich den ersten schönen Glauben an die Bestimmung der Erde und den höheren Werth der Menschennatur rauben.

Eine Freundin raubt ihrer Freundin durch Hinterlist und Koketterie den Geliebten – man glaubt sich in die Wüste versetzt unter Tiger und Hyänen.

Ach, nur nicht Mitleid für Liebe!

Das erste Geständniß der Liebe ist ein förmlicher physischer Schauer. Er durchbebt und erschüttert noch mehr den Körper, als die Seele. Die Lippen zittern, die Worte fehlen. Eine Ahnung dieser gewaltigen Agonie läßt wol die reinen Gemüther so lange zögern, bis sie sich gefangen geben.

Der Brautstand ist jener sonderbare Stand des Lebens, den man mit Recht als den glücklichsten zu bezeichnen pflegt und dem dennoch Niemand eine allzulange Dauer wünscht, am wenigsten die zunächst Betheiligten.

Amor treibt dumme Streiche. Neckst du Jemanden damit, daß er bei gewissen Besuchen erröthe, so wird's bald auch wirklich geschehen.

In einem verschwiegenen Zusammentreffen zweier Menschen an einem gegebenen Ort und zu bestimmter Stunde, einem Stelldichein, liegt ein so mächtiger Reiz, daß schon Viele bei solchem Anlaß ohne jeden wahren Drang der Neigung ein Ja! gewährten und zum Opfer der Situation wurden. Das Bezogensein zweier Menschen lediglich nur auf sich allein in der Welt hat etwas ausnehmend Bestrickendes.

Es giebt nur da Liebe und Freundschaft, wo sich Einer dem Andern *beugt*! Und nicht immer der Schwache vor dem Starken – auch der Starke vor dem Schwachen.

Das Dasein des Weibes ist eine stete Mahnung an den Mann, sein Streben innerhalb der Naturgrenzen zu halten.

Männer, die nicht mehr im Stande sind, an weibliche Tugend zu glauben, sind geisteskrank.

Warum schuf Gott Mann und Weib? Um den Begriff des vollendeten Menschen außerhalb unserer Personen zu verlegen.

Der Rath, den dir ein weibliches Herz ertheilt, wird immer der klügste sein.

Erstaunlich ist, wie ein Mann allmählig nur noch Augen für die geistige Schönheit seiner Frau hat, während er, wenn ihr die Güte des Herzens fehlt, für dieselben Reize, die ihn sonst entzückten, vollkommen, gleichgültig wird.

Wüßtest du, stolze Schöne, was noch Alles ein Jüngling, vertrauensvoll an die hohe Bestimmung der weiblichen Natur glaubend, in dem Moment, wo ihn der Zauber deines Anblicks zum Geständniß der Liebe hinreißt, von seiner Ideenwelt in dich hineinlegt und erst hineindichtet, du würdest demüthig werden.

Freundschaft und Liebe wollen bewiesen sein. Freundschaft und Liebe verstehen sich nicht von selbst. Was die Freundschaft thut und die Liebe voraussetzt, muß eine Ausnahme von der allgemeinen Regel des Lebens sein.

Auf dem kindlichen Gemüth eines jungen Mädchens, wenn sie zum erstenmal in die Welt tritt, liegt ein Thau, strahlender als Diamanten. Wer möchte einer Blume den Schmuck nehmen, der zugleich ihre Erquickung und Nahrung ist!

Wenn ein Mädchen des Looses inne geworden ist, die Ehe, des Weibes nächsten Beruf, verfehlt zu haben, so ergreift sie in der Regel ein Trieb, sich dem Allgemeinen zu weihen. Wählt sie dafür den richtigen Cultus, so kann sie zur Priesterin der Menschheit werden.

Manche Mädchen treten ins Leben wie die Buchhändler neue Bücher in die Welt schicken. Sie sind so lose gebunden, daß, wer sie öffnet und nur eine Weile in ihnen blätterte, sie eigentlich – sogleich kaufen und behalten müßte. Andere sind weniger leicht delabrirt. Diese werden sogar nur versiegelt abgelassen. Wunder denkt man, welches Geheimniß sich hinter soviel Sprödigkeit verbirgt. Die Käufer mögen sagen, ob der Inhalt die Neugier und den hohen Preis werth gewesen.

Jüngling, hast du ein Mädchenherz gefunden, das du liebst, so lass' es nicht unter die Räder deiner Entwickelung kommen!

Das Zarte, Sinnpflanzenartige im Wesen der Frauen gehört zu ihren liebenswürdigsten Reizen. Oft aber nimmt auch diesen Schein des ätherischen *Noli me tangere* ein absoluter Mangel an Interesse für die ernsten Dinge des Lebens an, jeder Mangel an Charakter, jede Unempfänglichkeit, jede Unbildung.

Das bloße Wissen um des Wissens willen ist eine gefährliche Aussaat im Frauenherzen. Frauen sollen den Zweck, warum sie lernen, in nächster Nähe sehen, sollte dieser auch nur der sein, daß sie lernen, um die Welt des Mannes zu achten.

Eine geistreiche junge Frau gestand uns: »Wenn doch die Frauen nur begreifen wollten, wie bequem und angenehm es ist, 31 Jahre alt zu sein, wir würden uns nicht so lange mit den Demüthigungen plagen, die mit dem Schein von 29 Jahren verbunden sind.«

Es gibt Frauen, die im geheimsten Versteck ihrer Seele das Schönste, Edelste und Bedeutendste bergen. Es kann nicht heraus. Die Gewöhnung und Umgebung sind es, die an ihnen alles gering, oberflächlich, ja nicht selten spöttisch und böse machen.

Ich mißtraue jedem weiblichen Wesen, das ernste Fragen mit süßem stereotypem Lächeln beantwortet. Es wird in seinen vier Pfählen auf die heitersten Fragen mürrisch antworten.

Penelope am Webstuhl hab' ich oft abgebildet gefunden. Penelope aber, die Nachts ihr Gewebe wieder auftrennt, wäre ein ergreifenderer Vorwurf. Oder geht diese Mischung von List, Liebe, Sorge, Schmerz, Hoffnung, die in den Zügen der treuen Gattin geschildert werden müßte, über die Kraft der Malerei hinaus und gehört nur dem Dichter?

Die erste Stelle im Paradiese werden diejenigen einnehmen, die sich in der Ehe getäuscht haben und doch ausharrten.

Kein Herz liebt wärmer und mit ganzer Seele hingegebener, als das eines Mannes, dem sich noch einmal in den Jahren, wo wir keine Liebe mehr zu gewinnen hoffen dürfen, ein weibliches Wesen aufrichtig hinzugeben vermag.

Der wahre Reiz, welcher Liebende verbindet, besteht darin, sich gegen die Welt schützen und vertheidigen zu müssen.

Gegen so manche Verstimmung, die im ehelichen Leben vorkommt, pflegt man Liebe, Schonung, Duldung und ähnliche Systeme des Gemüths als Vorbau zu empfehlen. Wir wollen eines der sichersten Präservative gegen eheliche Verstimmung nennen. Es ist die Einführung einer gewissen höflichen Gegenseitigkeit. Es gibt noch vielfach andere Lebensverhältnisse, wo man gut thun würde, den Umgang statt auf eine vieldeutige Güte einfach auf Anstand zu begründen.

Jeder Mann, der sogleich in dem ersten Jahr seiner Ehe den Zauber seines Werthes, den er seiner Gattin haben sollte, verliert oder geschehen läßt, daß sie (wie in der Regel versucht wird) jenen Zauber muthwillig zerstört, wird ein unglückliches und verfehltes Leben führen.

Der Mann liebt wahrhaft nur da, wo ihm sein Gegenstand die reichste und vollste Gelegenheit verbürgt, sich in seiner vollen Liebesfähigkeit und seinem ganzen Manneswerth darzustellen.

Wir lieben im Alter ganz noch so feurig wie in der Jugend, nur daß sich in letzterer unsere Liebe von selbst verräth, im Alter sie gesucht, entdeckt, ermuthigt sein will.

»Eine ausgezeichnete Hausfrau!« – und doch eine herzlose Gattin. In der Ehe ist es noch nicht genug, daß in der Sorge für die Harmonie des Hausganzen die Sorge für die einzelne Person mit aufgeht. Aus der Sorge für die einzelne Person, für den Gatten und wie nun dessen Natur und Bedürfniß einmal ist, soll erst die Harmonie und Schönheit des Hausganzen hervorgehen.

Manche Ehefrau steht lebenslang mit dem feurigen Schwert neben ihrem Gatten, um von ihm fern zu halten, was nur irgend noch ans verlorne Paradies erinnern könnte.

So oft sich Eheleute, wenn sie Kinder haben, in Gegenwart derselben vorwerfen: Wir hätten uns nicht heirathen sollen! begehen sie einen Mord.

Bis der Jüngling einen Begriff von Frauenschönheit – äußerer und innerer – gewonnen hat, hat er sich meist längst schon zu seinem zeitlichen Verderben verliebt und gebunden.

Eine Frau, die Geist und Talent hat, steht unter ihrem Geschlecht einsam. Vergebt ihr, wenn sie sich zu den Männern flüchtet.

Größe isolirt. Seid nachsichtig, wenn große Männer mehr, als ihr billigt, die Frauen suchten.

Gerade deßhalb, weil die Form das Wesen des Schönen ist, können auch Liebe und Freundschaft ohne Form nicht bestehen.

»Siehst du nicht, wie nachgiebig ich bin!« Ja, ganz recht, du führst mit mir ein Buch, worin du für das Soll einer jeden Nachgiebigkeit von deiner Seite das Haben einer Nachgiebigkeit von meiner notirst. Schenke mir aber dreimal ein Soll, bis du einmal ein Haben verlangst, dann will ich dich nachgiebig nennen.

Es ist schwer, mit Personen umzugehen, bei denen man, wenn man so edel war, in einem Streit, um ihn nur zu beendigen, nachzugeben, immer auch wirklich verloren hat. Leider ist dies zumeist in der Ehe der Fall.

Satan hat wol an wenig Menschen so viel Freude, wie an einer jungen Wittwe, die, vom Sterbebett ihres Mannes hinwegblinzelnd, schon wieder lüstern die Augen in die sich ihr neu erschließende Welt schweifen läßt, sich frei und begehrenswerth fühlt!

Das Unglück der Männer sind diejenigen Frauen, die trotz aller Eigenschaften einer mit uns durchaus und nun und nimmer zusammenklingenden Natur uns doch durch irgend einen einzelnen unwiderstehlichen Reiz zu fesseln vermögen. Den gemeinen Mann vielleicht durch gute Küche, den Genius durch ein reizendes schalkhaftes Lächeln mit stets sichtbar werdenden Perlenzähnen.

Durch die Ehe werden weit mehr die Männer als die Frauen enttäuscht. Nur verhindern unsre Institutionen, daß die ersteren davon soviel Aufhebens machen können, wie die letzteren.

Eine schmerzliche Enttäuschung ist es, wenn man sich ein weibliches Wesen ausgeschmückt dachte mit allen Reizen innerster Anmuth, mit Empfindungen, ganz würdig, Liebe und Phantasie herauszufordern, mit einer Unschuld des Herzens, die dem vollen Zauber der äußeren Schönheit entspricht und man findet dann bei näherem Erkennen ein kleinliches, endliches, leidenschaftliches, eitles, durch und durch geringfügiges Wesen und Streben.

Das ist so ungroßmüthig in einer nicht glücklichen Ehe, daß man darum, weil man sich einander näher als zu andern Menschen gerückt ist, dem nächsten Angehörigen die Ausbrüche von Ungeselligkeit und Leidenschaft zu empfinden gibt, von denen die Fernstehenden verschont bleiben.

Die Klagen der Männer über die christliche Welt, die unsere Frauen aus dem Sklavenzwinger entließ und sie zu Genossinnen, ja

Gebieterinnen unseres eigenen Lebens machte, müssen verstummen, wenn man die Bewährungen einer edeln Weiblichkeit sieht, eine Tochter, die ihren Eltern die Sorgen der Existenz erleichtert, eine Gattin, die dem Unglück keine Entstellung des Bildes ihres Gatten gestattet, eine Wittwe, die mit dürftigen Mitteln die Würde ihres Namens behauptet und ihren Kindern den verlornen Vater ersetzt.

Man empfiehlt in hundert und aber hundert Erziehungsschriften das *Nachdenken* und bei Männern, die ohnehin durch ihren Beruf und die Regung ihres Blutes gewappnet sind gegen die Zukunft, was sie auch bringe, ist dies wol auch die richtige Aufforderung. Kraft und Weisheit sollen sie sich aus der Vergangenheit holen. Frauen aber sollte man zum *Vordenken* erziehen. Es gibt auf dem Schädel des Menschen, abschüssig nach dem Hinterkopf zu und vom Organ der Verehrung aus, eine Stelle, die Gall das Organ der Vor- und Voraussicht genannt hat. Bei den meisten Frauen geht es dort gar flach abwärts. Wer im Glück aufwächst, keine Elternsorge sah, wem frühzeitig immer Das zu Theil wurde, was ihm nothwendig erschien, der lernt jene *Voraussicht* selten kennen, die sich denn auch bei weiblichen Charaktern da nur bildet, wo theils angeborene Anlage stattfindet, theils in aktiver Veranlassung weise, in passiver unruhige, widerspruchsvolle, unbestimmt handelnde Eltern frühzeitig die Kinder zwangen, die Sorgen des Hauses mit auf sich zu nehmen, ja nicht selten allein durchzuführen und bei Zeiten die Führer und Lenker in der Familie zu werden. Je geregelter aber die Eltern, desto mehr müssen sie bedacht sein, bei ihren Kindern dem Hang zur Sorglosigkeit zu steuern. Sorglosigkeit nennen wir hier jenen Mangel an Phantasie, der sich ein nächstes Bedürfniß nicht als gegenwärtig vorstellen kann. Wem diese Gabe der Voraussicht fehlt, muß ihn nicht jedes Eintreffende überraschen? Frauen dieser Art sind wirtschaftlich und haben doch keine Eintheilung. Sie sind den Tag über rastlos und finden doch nie eine Befriedigung ihrer Mühe. Jedes Kleinste, das sie bei etwas Phantasie und voraussichtlicher Combination erwarten mußten, befremdet sie: jedes Kleidungsstück, dessen Natur es ist, allmählig abgenutzt zu sein, erbittert sie. Sagte ihnen da die Voraussicht, wie die Umstände es mit sich bringen, daß eine Lücke eintritt, sähen sie innerhalb eines begrenzten Horizonts diese Lücken allmählig entstehen, sähen sie mit ergebener Toleranz in die sich von selbst verstehenden Thatsachen der Zukunft, sie würden nicht durch das Eintreffen derselben ewig aufgeregt werden. Diese Frauen sind unfähig, einen Gesellschaftsabend zu ordnen. Sie sehen nichts, was doch kommen muß, keinen Zwischenfall, keine an sich außerordentliche, aber für gewöhnlich immer eintretende Störung. Sie laden zu Tisch; es fehlt an Ordnung sowohl wie an Reichlichkeit. Der sinnige Fernblick, der sich schon jedes Kommende als gegenwärtig ausmalen kann, ist bei ihnen nicht angeleitet worden, Umstände, die vom Willen unabhängig sind, mit in Rechnung zu bringen.

Wenn man in der Erziehung der Frauen von Verinnerlichung des Gefühls spricht, so geben die Weisheitslehrer dazu Anleitungen, die auf ein gründliches Zurechtlegen des Vergangenen zielen. Daß sich aber das Erlebte einprägt, dafür sorgt schon das Naturell, das Interesse des Verstandes und Herzens. Viel mehr kommt es auf die Bildung der Fühlfäden an, welche die weibliche Seele in das Zukünftige auszustrecken hat. Eine solche Ehe zumal, wo der Mann der ewig Voraussehende und die Frau die ewig Ueberraschte ist, kann unmöglich eine behagliche sein.

Oberflächlich sind die Frauen, die einem Mann ihr Herz nicht schenken können, dessen Geist sie in Verlegenheit setzt.

Der Mißbrauch eines Mutterherzens ist Kirchenraub.

Der Mensch zum Menschen.

Ermüde doch nicht, dir die Menschheit zu gewinnen, selbst wenn du mit Betrübniß wahrnehmen solltest, daß alle Liebe und Freundschaft, die du gefunden, doch nur die Folge deines ersten Entgegenkommens gewesen.

Glück verbreiten wir nur da, wo wir nicht an unser eignes denken.

Nur diejenige Geselligkeit ist schön, die an den Traditionen der Sitte keinen Zweifel aufkommen läßt.

Willst du die Probe haben, ob die Liebes-, Freundschafts- und Hingebungsversicherungen, die du empfangen hast, auch wahr gemeint sind, so beobachte, wie sich dein neuer Freund benimmt, wenn er dir in einem gesellschaftlichen Kreise begegnet. Ist er da gegen dich zerstreut, getheilt in seiner Hingebung, wol gar fremdartig, so könnte ihn höchstens Eitelkeit oder Gefallsucht entschuldigen, wenn er die Besinnung auf die Gefühle, deren er dich unter vier Augen würdigte, im Kreise anderer Machtbegabungen oder Schönheiten oder auch nur zerstreuender Eindrücke vergessen zu haben scheint. Dünkel, Ehrgeiz, Dummheit auch erkennst du daran, daß sich an einer fürstlichen Tafel dein Nebenmann, der dich bei einer andern Gelegenheit wohl zu würdigen wußte, kaum noch auf dich besinnen zu können scheint. Hohe Bildung und Liebenswürdigkeit verräth es, im Salon denselben Ton festhalten und fortsetzen zu können, den z. B. eine Frau im Boudoir einhält.

Anerkenne fremdes Verdienst und der Anerkannte wird dich fördern.

Unerträglich ist es, mit Menschen zu verkehren, die auch im gewöhnlichen Leben, wo es auf Beweisführung für unsern Charakter und unsere Natur gar nicht ankommt, dennoch immer die Principien und bewußten Maßstäbe zur Hand haben, die sie ja immerhin beim Handeln im Großen und Allgemeinen leiten mögen.

Gesteh' es nur, viele Menschen hältst du nur deßhalb für gut, weil es dir lästig und unbequem sein müßte, von ihnen das Gegentheil anzunehmen. Und im Grunde ist es auch gut so. Man kann nicht leben mit einer Gesellschaft, deren Bestandtheile man bis auf die Atome untersuchen wollte.

Der Geist muß sich unter jedem Himmelsstrich bewähren. Dem Herzen gestatte für seine Offenbarung ein eigenes Klima.

Wenn uns Jemand ein Unrecht zugefügt hat und er erkennt seinen Fehler, so verdrießt es ihn in der Regel, sich schämen und sein Unrecht wieder gut machen zu sollen. Da zieht er den bequemeren Ausweg vor, dich zu hassen. Deßhalb wird man gut thun, sich nicht sofort allzuempfindlich zu zeigen für jedes Unrecht, das uns widerfuhr.

Da es leider nur zu sehr feststeht, daß ein Unrecht, wozu die Menschen sich zu bekennen gezwungen werden, sie nicht reuevoll, sondern trotzig macht und daß sie den, der sie beschämte, hassen, so stöbre nicht jedes dir zugefügte Unrecht auf. Es ist wie im Leben der Bühne. Gewiß ist das Schauspielerleben ein Gassenlaufen durch fortwährende Kränkungen. Aber schon Iffland hat gesagt: Wer empfindlich ist, kommt zu nichts.

Die große Mehrzahl der Menschen muß man, will man sie gut haben und gut behalten, leider ganz in der Art lassen, wie sie eben sind. Der geringste Versuch, sich mit ihnen auseinanderzusetzen, sie zum Bewußtsein ihres Thuns und Lassens zu führen und aus ihrem gewohnten Geleise, ihrem einmal angenommenen Wesen aufzustöbern, macht sie gefährlich, während sie sonst ziemlich unschädlich neben uns hertrotten.

Einen Freund gefunden zu haben, das scheinen manche Menschen die Entdeckung eines bequemen Sophas zu nennen, auf welchem sie glauben sich mit ihren Unarten so recht ausflegeln zu können.

Das sind wunderliche Heilige, denen mit unverkennbarer Fraktur und mit tausend Schlängelchen und Aederchen listig sein sollende Gedanken im – ehrlichsten Antlitz auf- und abhüpfen.

Närrischer Kauz, jage mir nur keinen Schreck ein! Das, was du als Maske vornimmst (Gemüthlichkeit, um Pfiffigkeit zu verbergen), das ist wirklich deine wahre Natur. Dein Pfiffigsein erschrickt mich nicht, deinem falschen Gemüthlichsein, dem vertraue ich.

Auf diesen Fuß kann man sich mit den meisten Österreichern stellen.

Die besten und edelsten Menschen gleichen zuweilen schönen Gegenden, die im Nebel und Regen das nicht sind, was im Sonnenschein. Erst unsere Liebe und der Glaube an sie giebt ihnen die rechte Beleuchtung. So ist es zumeist auch nur unsere Schuld, wenn uns so viele Menschen nicht in ihrem vollen Werthe aufgehen.

Es ist schwer, mit Menschen zu leben, die bei einer zufälligen Heiterkeit, die sie befällt, sogleich alles heiter, bei einem zufälligen Unmuth, der sie ergreift, sogleich alles unmuthig ansehen.

Unmöglich ist es, mit Menschen zu leben, die nur Eins von Beiden können, entweder zerstören oder aufbauen.

Ein rechtes Hauskreuz sind Kranke, die ihr Siechthum nicht eingestehen wollen und für die Verdrießlichkeit, mit der sie ihr trauriger Zustand erfüllt, unaufhörlich nach äußern Gründen suchen.

Wenn man sich recht herzlich freut, daß Jemand Glück hatte, so ist damit noch nicht gesagt, daß man ihm auch einräumen will, das Glück verdient zu haben.

Takt ist die höchste Blüthe einer allmählig erlangten Umgangsbildung. Herzensgüte und Bescheidenheit brauchen sich nicht viel Mühe zu geben, diesen Bildungsgrad zu erlangen. Ihnen ist er angeboren, Takt ist der Verstand des Herzens.

Höre zu, wenn man dich tadelt! Höre aber auch zu, wenn man dich lobt! Entwindest du dich dem Lobe, so kränkst du den, der sich's zum Verdienst anrechnen durfte, dich erkannt zu haben.

Setze dich nicht unnütz selbst herab! Was du selbst von dir Schlimmes gesagt hast, wird geglaubt.

Edles, mildes, gutes Herz, du möchtest so gern helfen, möchtest allen Menschen nur Glück bereiten! Kämest du aber auch nur mit deiner Hülfe immer noch früher, ehe sie verlangt wird. Längst kann ein Auge schon hoffnungsvoll nach dir hinüber geblickt haben, längst schon kann eine in deiner Nähe hörbar seufzende Existenz wurzellos geworden, vom Strom des Verderbens unterwühlt zusammengebrochen sein, während sie noch äußerlich wie lebenschimmernd und mit alltäglichem Grün überzogen neben dir zu weilen scheint. Edelmuth des Herzens, auch du schärfe die Augen! Es gehört Entäußerung dazu, einem fremden Dasein in seinen Grundquellen nachzufühlen und aus den Symptomen einzelner Stockungen desselben sich die Zustände selbst zu entnehmen, wie sie sind. Sagst du aber wol gar: Ehe ich helfe, will ich die Noth eingestanden und bekannt wissen! dann weiß ich freilich, du leidest nicht nur an Trägheit deiner Gefühle, sondern in deinem Wohlthun birgt sich ein anderer, schlimmerer Wurm – Herrschsucht und Haß.

Zeige dich doch so oft als nur möglich in dem einfachen, immer aber schönen Schmuck der Güte. Glaube nicht, daß die Güte je den Schein der Schwäche geben kann oder wol gar langweilig wirkt.

Du rühmst dich, daß dein eignes Selbst dir Freunde erworben hätte, die Feinde, die du hast, schreibst du dem Geschick zu. Meist ist es aber umgekehrt. Die Freunde schenkte dir das Geschick, die Feinde erwarbst du dir selbst.

Halte inne, wenn ein behaglicher Augenblick dich überrascht und du anfängst, Geständnisse und Bekenntnisse zu machen! Was dir da über die Zunge läuft, in der Regel wird es hintennach bitter bereut.

Schrecklich sind Menschen, die einmal gehört haben, man müßte, um Geist zu zeigen, nicht immer der Meinung des Andern sein, und nun auch jeder Behauptung, die sie hören, eine andere gegenüberstellen.

Frohmuth ist die Freude eines Vogels auf dem Felde: Sorglosigkeit die Freude eines Vogels im Käfig.

Hat einmal eine Freundschaft den Höhepunkt ihrer Bewährung erreicht, etwa durch ein großes, von ihr gebrachtes Opfer, so tritt sie in eine gefahrvolle Krisis, die nur zwei edle Menschen überstehen können.

Freundschaften, die aus früherer Verfeindung entstanden sind, pflegen innige zu werden. Man hat sich in der Kraft seiner Individualität bereits erprobt.

Wenn dir ein Unglück begegnet ist, das Wenige kennen, so plaudre es selbst nicht aus. Nicht immer ist es die Schadenfreude, die es weiter trägt, aber auch selten das wahre Mitgefühl.

Mit manchen Menschen kann man nicht zu Zweit umgehen, während sie uns zu Dritt ganz angenehm sind.

Manchmal kommt uns eine Beleidigung recht erwünscht. Sie gibt uns über den, der sie uns zufügte, die Freiheit des Urtheils.

Hüte dich vor den ewig Späßelnden! Es sind Intriganten.

Man beweise sich nicht als Freund, schreien die Menschen, wenn sie Beweise der Freundschaft nicht in bedeutenden, wichtigen Krisen, sondern bei hundert kleinen Nergeleien, Quälereien und Wünschen haben wollen.

Ich bin dir höflich, weil – ich dir Besseres nicht zu bieten vermag.

Bei gewissen Menschen, die keineswegs zu den versteckten gehören, ist es deßhalb schwer, auf den wahren Grund ihres Wesens zu kommen, weil sie eine angeborne Güte veranlaßt, Lebensarten und Umgangsformen anzunehmen, die durchaus nicht in ihrem eigentlichen Charakter liegen. Es gehört ein feiner Sinn dazu, ihren Werth nicht zu unterschätzen, und Vorsicht und Behutsamkeit, ihre Wahre Natur nicht zu unserm Nachtheil herauszufordern.

Tyrannische Naturen verlangen, daß man sie mit dem Aufgebot aller unserer Kräfte bedient und dabei doch nur so wenig Geräusch (oder davon Aufhebens) wie möglich macht.

Laß dir aufs allerdringendste die Vorsicht angerathen sein, daß du auch nicht von einem einzigen Menschen in der Welt annimmst, er wäre unbedeutend.

Zeige, daß du gütig bist; aber verbirg die Absicht, es sein zu wollen, eben so sehr wie die Freude darüber, daß du es sein kannst. Jede Rührung, die du über dich selbst empfindest, wird dir die Welt zum Uebel deuten. Sie glaubt nicht, daß unsere Tugend aus zwei Theilen bestehen darf: aus einem Schatz und einem Wächter, der ihn hütet! aus Gästen, die da anklopfen, und einem Wirth, der aufthut: aus einem Gewinn unsers Werthes für uns selbst und aus unserer Freude daran.

Als ein gutes Mittel, saumselige Menschen zur Erfüllung ihrer Verbindlichkeiten, auch der Verbindlichkeiten des Umgangs, zu bringen, kann man die fortgesetzte Anwendung kalt zuvorkommender Höflichkeit empfehlen.

Wer in den Ruf kommen will, witzig zu sein, muß lediglich die Scheu überwinden, zu Zeiten auch blos albern zu erscheinen.

Thee, scheint es, macht nicht so medisant wie Kaffee.

Wer da so umständlich kommt und »deinen Rath« begehrt, der sucht gewöhnlich nur für Entschlüsse, die längst von ihm gefaßt sind, Jemanden, der die Verantwortlichkeit mitübernimmt.

Es ist eine gewöhnliche Art und Weise Derer, die uns Freunde sein wollen, die Zahl der Feinde, die wir hätten, nicht groß und ergrimmt genug darstellen zu können. Um sich zu beruhigen, ziehe man immer ein gut Theil von den Schilderungen ab, die sie nur deshalb machen, um ihren eignen Werth für uns zu erhöhen oder um sagen zu können, wie sehr sie uns vertheidigt hätten.

Viele Männer erscheinen schroff und kalt, weil sie in ihrem innersten Wesen etwas Weibliches haben und, statt zu lieben, geliebt sein wollen. Fällt auf sie dieser Sonnenstrahl, so thauen sie überraschend auf.

Ein Dichter, der auf seine Gedichte, ein Maler, der auf seine Bilder eitel, eine Schöne, die ganz nur von ihrer Schönheit erfüllt ist, wirken im höchsten Grade unerfreulich. Ist aber der Dichter nur eitel auf die zufälligen Kenntnisse, die er hat, der Maler auf seine Kunst, einen Hofball zu arrangiren, die Schöne auf Empfindungen, die sie nicht hat, so läßt sich mit so wunderlichen Heiligen schon auskommen.

Unerträglich sind die Menschen, wenn sie jeden kleinen Schein, den sie vom Recht hatten, mit nicht endenden Worten und Scenen ausbeuten. Willst du Menschen zum innigsten Umgang in Liebe und Freundschaft befähigen, so erziehe sie zur Großmuth!

Auf Roheit Hoheit – !

Apotheker liefern Mückenfett, Hirschtalg, Bärenfell, Alles aus einem und demselben – Schweinschmalztopfe. Das sind die Lobeserhebungen und Schmeicheleien, die Weltroutine für Alle und Jeden bereit hält.

Klatschsucht ist oft ein respektabler und liebenswürdiger Mittheilungsdrang, dem es leider am würdigen Stoff gebricht.

Der Umgang mit Flegeln ist leicht. Schwer aber ist auskommen mit den zartbesaiteten, sogenannten edlen Naturen, die gewöhnlich aufs tiefste verletzt sind, wenn doch nicht alles nach ihrem Wunsch gegangen.

Weß das Herz voll ist, davon – schweige der Mund!

Für das Ertragen jener Umgangsroheiten, mit denen es, wie man zu sagen pflegt, »so böse nicht gemeint sein sollte,« ist denn doch nicht Jedermann gemacht.

Nirgends läßt sich mehr physiognomisches Menschenstudium anstellen als in einer Gemäldegalerie. Nämlich unter den Zuschauern. Den geistvollen und charakteristischen Künstlergebilden gegenüber hat man da sogleich von jedem Kopf sein specifisches Gewicht.

Einen Feind hassen wir nicht so sehr, als einen Freund, der sich nur halb bewährte.

Die Ursache, warum dir ein Mensch zu zürnen scheint, suche, wenn du darüber nachsinnst, nicht in dem, was du ihm gethan, sondern in dem, was du ihm zu thun unterließest.

Kalt wollt Ihr nicht den plötzlich leidenschaftlich auflodernden, dann aber um so mehr wieder in Apathie versinkenden Menschen nennen. Kalt aber nennt Ihr den, dessen Gemüth eine sich immer gleichbleibende, wenn auch maßvolle Wärme des Antheils besitzt – !

Discretion lernt sich nur im engern Zusammenleben mit Menschen. Ein einsamer Charakter plaudert sich und Andere aus purer Gemüthlichkeit aus.

Man kann Niemanden beibringen, wie er es anstellen soll, nicht eitel zu sein. Man kann nur lehren, Eitelkeit verbergen.

Es wird vielen Menschen so schwer, eine Unterhaltung zu führen. Sie glauben das Beste zu thun, wenn sie Thatsache an Thatsache reihen. Und dennoch müssen sie sehr bald entdecken, daß sie auf diesem Wege weder Andere anregen können noch für sich selbst sicher sind, sich nicht bald erschöpft zu fühlen. Die Kunst der Unterhaltung besteht dann, aus Thatsachen sofort allgemeine Gedankenreihen herzuleiten.

Den übertriebenen Glauben an ihren Werth wollen wir doch denen am ehesten verzeihen, die durch ihre Eitelkeit ein zufriedenes Gemüth gewinnen für sich selbst und zugleich für Andere, die über sie lachen müssen, des Lebens Heiterkeit verbreiten.

Wie jedes Glas einen Ton hat, durch dessen Angabe im fortgesetzten Crescendo es zuletzt ohne alle Berührung springt, so suchen schlaue Menschen jeder ihnen begegnenden Persönlichkeit durch Ergründung des geheimsten Zusammenhanges ihrer geistigen Textur sogleich als siegreiche Matadore beizukommen. Man erkennt sie daran, daß sie uns nur immer Eine Seite unseres Wesen vorhalten. Ist diese eine liebenswürdige, die uns schmeichelt, so ist die Gefahr für uns doppelt groß.

Sich in der Welt mit einem uns eben verhängten Schmerz plötzlich vereinsamt zu betreffen, ist lange nicht so erschreckend, als die Entdeckung unserer Vereinsamung, wenn wir uns nach dem Genossen einer plötzlichen Freude umsehen.

Wenig Menschen vergeben es uns, wenn wir ihnen den Effekt berechneter Phrasen durch die Natürlichkeit einer unerwarteten Zwischenrede, eine Interpellation, verderben.

Es ist Menschen von Geist und Herz eigen, sich gern einfach und gemüthlich zu geben. Gleichgestimmten Seelen gegenüber kommen sie damit trefflich aus. Aber mit dummen Menschen ist diese Umgangsform gefährlich. Die Dummen nehmen die künstliche oder freiwillige Schwäche der Starken meist für eine natürliche und können, da sie gewohnt sind, immer geradeaus zu tappen, es wirklich dahin bringen, daß sogar der gescheidteste Mensch ihnen gegenüber durch sein Incognito ins Gedränge kommt.

Sprich immerhin laut über dich selbst, nur – denke nicht laut über dich selbst – !

Wie oft möchte man nicht im Leben die Worte des Dichters:

»Denn aus Gemeinem ist der Mensch gemacht – !«

mit Hervorhebung des drittletzten Wortes *der* wiederholen!

Eines der glücklichsten Besitzthümer des Menschen ist ein dankverpflichteter Freund.

Bizarr ist die Phantasie der Furcht. Noch bizarrer die des Miß-
trauens.

Walten und Schaffen des Genius.

Große Gedanken sind umrauscht von einer göttlichen Musik. Der Dichter hört diese Musik meistenteils früher, ehe er noch den Gedanken, den sie begleitet und einführt, klar anzugeben vermag.

Dichten heißt: Bedeutenden, aber schweifenden Anschauungen der Phantasie oder auch seltsamen, aber unbestimmten Regungen des Gemüths durch den Verstand eine begrenzte Form geben. Modische Blender kehren diesen Proceß um. Sie stutzen die Verständigkeit mit phantastischem oder allerlei Gemüthsflitter auf.

Die höchste Gunst der Muse, die dem schaffenden Genius zu Theil werden kann, ist die, daß seine ihm persönlich behagliche Weise auch zugleich unmittelbar den Begriff des Schönen selbst deckt. Darum aber ist die Reise, die manchmal ein Genius von seiner Heimath aus erst zum Land der Schönheit machen muß, noch nicht der gerechte Maßstab seiner Beurtheilung.

Wenn du ein Bild von Kaulbach siehst, so frage nicht Cornelius um sein Urtheil. Es ist erklärlich und sogar verzeihlich, daß jeder Künstler oder Dichter, der aufgefordert würde, eine Aesthetik zu schreiben, nur eine solche gibt, wonach seine eigenen Schöpfungen als die maßgebenden herauskommen.

Dem Urtheil der Meister über Meister ist am wenigsten zu trauen. Denn es steht fest, daß bedeutende und schöpferische Menschen nichts empfangen, nichts hören, lesen oder sehen können, ohne sich nicht sogleich davon produktiv angeregt zu fühlen und das Ver- und Aufgenommene aus eigenen Mitteln zu ergänzen. Daher muß es wol auch kommen, daß sich oft bedeutende Menschen vom Mittelmäßigen so auffallend befriedigt fühlen, während ihnen das Gleichartige und nicht minder von bedeutenden Menschen Ausgegangene fremdartig erscheint. Diese Selbstthätigkeit des schöpferischen Genius geht so weit, daß ihm sogar das nächste Auffassen und Begreifen einer fremden Entwicklung unmöglich werden kann.

Dichter und Künstler sollten nicht auch Staatsämter, ja Feldherrnstäbe führen können – ? Ohne eine starke Willenskraft, ohne eine im Nu entschlossen getroffene Wahl zwischen Ja! oder Nein! ist kein schaffender Dichter und Künstler möglich.

Es gibt zweierlei Redner: Redner, die nur vor Wenigen, und Redner, die nur vor Vielen sprechen können. Ein Redner, der an einer kleinen Tafel vortrefflich spricht, kann es oft nicht in einem Ständesaal, und ein Redner, der keinen Toast ohne Stocken ausbringen kann, wird zum Mirabeau in einer Volksversammlung. Der Unterschied ist der, daß bei dem Einen der Verstand, die Combination die Worte sucht und zusammenfügt, beim Andern die Phantasie, die dichterische Anschauung, die sich von Wenigen beengt, von Vielen gehoben fühlt.

Ob du ein Redner bist, wird sich erst zeigen, wenn man dir widerspricht.

Von jedem kleinen Zuge des gewöhnlichen Lebens, der dich überraschte, von jedem Lächeln, das dir ein wunderlicher Zufall abgewann, von jedem wehmüthigen Gefühl, das deinen ganzen innern Menschen bei irgend einer Erfahrung mit Rührung überwallte, nimm an, daß dir damit etwas begegnet ist, was allen Menschen tausendmal unter gleichen Umständen ebenso begegnet. In dieser Ueberzeugung und in dem Vertrauen, ein so Apartes getrost als ein Allgemeines aussprechen zu dürfen, liegt der besondere Vortheil des Poeten.

Verlangt ihr im Bereich der Dichtkunst immer nur »Wahrheit« und »Natur,« so werdet ihr zuletzt die Phantasie vertrieben haben.

Katzenhumor hat derjenige Autor, der uns zumuthet, etwas belachen zu sollen, was doch in seinem wahren Grund nur verletzt und beängstigt.

»Warum corrigirst du so viel an deinen Arbeiten? Ich lese im Geist die Kritik der Bosheit und sehe die sorglose Bereitwilligkeit des Publikums, sie für die Stimme der Wahrheit zu nehmen.

Eine verächtliche Literatur, die den Modethorheiten und Lieblingsneigungen des Publikums, besonders denen der Frauen, schmeichelt, z. B. die amerikanische.

Nichts läßt sich leichter affektiren als Erhabenheit.

Das Wörtchen *und* muß ein origineller Schriftsteller soviel als möglich zu vermeiden suchen.

Die Romantik der Phantasie lassen wir uns gefallen, die Romantik des Herzens nicht minder. Gefährlich ist die Romantik des Verstandes. An ihr ist die ganze deutsche Philosophie und Wissenschaft krank.

Der Genius, der sich an die Regeln hält, braucht Jahre, bis er erkannt wird. Den regellosen setzt der Unverstand sofort auf den Thron.

Es würde der Bühne nützlich sein, wollte man der Schauspielkunst das Recht, sich eine Kunst nennen zu dürfen, nehmen und sie vielmehr eine Wissenschaft nennen.

Für den Schauspieler ist es gefährlich, daß er erst dann ein vollendeter Künstler wird, wenn er sich die Routine erworben bat, ebenso gut auch nur ein gewandter Handwerker zu sein.

Nur durch den Anblick vorzüglicher Schauspieler kann man ein guter Dramatiker *werden*, aber auch nur durch eine gewisse Regelmäßigkeit im Anblick *mittelmäßiger* Schauspieler kann man ein guter Dramatiker *bleiben*. Die *guten* Schauspieler lassen den Dramatiker in einer für seine Schöpfungen mit der Zeit gefahrvollen Weise vergessen, was er ihnen zu danken hat.

Wir blätterten kürzlich in einigen ältern französischen Stücken nach den ersten Originalausgaben und fanden in den Trauerspielen Voltaire's zuweilen Fingerzeige über die Darstellung dieser oder jener Situation, über den Vortrag dieser oder jener Effektstelle. Statt aber zu sagen: Diese Stelle muß so oder so betont oder gespielt werden, drückte Voltaire sich aus: »Für den Fall, daß man etwa dies Stück auf Provinztheatern geben sollte, muß ich bemerken, daß alle mit einem Stern bezeichneten Verse nur *scheinbar* kalt gesprochen werden dürfen.« Der Schall von Ferney wußte sehr wohl, daß auch den ersten Künstlerinnen der Welt oft genug Noth thut, vom Dichter erst die wahre Absicht zu erfahren, die er mit dieser oder jener Stelle seines Gedichts verbunden hat. Er war indessen Weltmann und Kenner der Künstlereitelkeit genug, seine Vorschriften scheinbar an Provinzschauspieler zu richten, was uns an jenen verdrießlichen Herrn erinnerte, der in einem Gasthof seinem etwas lustigen und laut trällernden Nachbar schrieb: »Mein Herr, sagen Sie doch gefälligst Ihrem Bedienten, daß er sein häufiges und störendes Singen einstellen möchte!«

In einer Provinzialstadt stirbt kürzlich der Direktor des Theaters. Die Garderobière, *aus Trauer*, betrinkt sich. Sie will eine Treppe hinuntersteigen und bricht den Hals. Während der eine Todte im Hintergebäude der Bühne ruht, der andere Leichnam im Blute schwimmend gefunden wird, spielt die Truppe unter Gelächter des Publikums die Posse:»Wenn Leute kein Geld haben.« Kann es ein schauerlicheres Bild der Tragikomödie des Bühnenlebens geben?

Man braucht nur Schillers Jugendstücke und Iffland zu lesen, um zu erkennen, wie doch unsre alten Schauspieler bessere waren. Eine neue Welt bekämpfte damals die alte. Sie wollte den Sieg erringen mit den Waffen der Poesie. Auch die Schauspieler durften da Herolde, Dolmetscher, Mitkämpfer des Heereszuges sein. Wie dreist und offen sind die Bezeichnungen Tyrann, Buhlerin, Schurke u. s. w., die in jenen Stücken vorkommen – ! Jetzt geht alles auf der Bühne der wirklichen Welt aus dem Wege. Die Schauspieler, denen jedes scharfe Wort umschrieben, gemildert wird, sind meist Maschinen, schöne Puppen, keine Menschen mehr.

Wir möchten Angesichts unserer wie Sand am Meer zunehmenden Liedercompositionsfülle wünschen, eine so praktische, kenntnißreiche und zugleich dichterisch gestimmte Befähigung, wie die unglückliche Johanna Kinkel war, hätte ein solches Büchlein über Salongesang und neue Liedermoden geschrieben, wie sie ein derartiges über Clavierunterricht herausgegeben hat. Veranlassung, Ungeschmack und Oberflächlichkeit, verhimmeltes, süßliches Wesen, ein ewiges Thränenloben und nicht endendes Stern- und Blumenschmachten zu geißeln, hätte sie da genug gefunden.

Nach dem Begriff des Schönen frage man Andere, nur nicht die, die selbst schaffen. Jeder Künstler arbeitet nach einem andern System der Aesthetik.

Im Roman sieht die Masse auf Verknüpfung des Zufälligen, der Gebildete auf Entwicklung des Nothwendigen. Durch eine und dieselbe Thatsache beiden Forderungen zugleich genügen, macht den kunstvollen Dichter.

Sage mir, wer dich liest, dann sag' ich dir, was du bist.

Wenn Boileau lehrte:»Nichts ist schön, was nicht wahr ist,« so möchte man fragen: konnte aber etwas wahrer sein als der Buckel des Aesop und die Häßlichkeit des Thersites? Und dennoch hat Boileau recht und die Macbethhexen mit ihrem »Schön ist häßlich, häßlich schön!« haben nicht minder recht. Denn unter Umständen ist der Buckel des Aesop eine Schönheit. Er rührt uns im Vergleich mit Aesops Weisheit. Thersites wird der Schönheit dessen gegenüber, den er schmählt, ebenfalls zu einer behaglich genießbaren Folie des Achilles, wie Caliban eine Folie Miranda's und Ariels ist. Im Nachgefühl des kurz zuvor aufgenommenen Schönen kann man auf dem Häßlichen mit vollem Behagen verweilen. Des Dichters Kunst ist eben die, das Häßliche zur Verstärkung der Kraft des Schönen richtig anzuwenden.

Lieber Autor, ich soll dir etwas wünschen – ! Ich wünsche dir nicht Geld, nicht Ruhm, nicht Ehre, nicht Feinde (obschon auch diese etwas werth sind), ich wünsche dir zwei Dinge, die zum Handwerk gehören. Einmal – kein allzumächtig wallendes Herz! Der Leser ist nie so ergriffen wie der Autor. Geht mit dem Autor die Empfindung durch, so bleibt der Leser meist auf halbem Wege zurück und sieht nur kalt, unergriffen, lächelnd der mit dir durchgegangenen Leidenschaft nach. Dann wünsch' ich dir zum zweiten einen wahren Himmelssegen des Schriftstellers: keine Furcht vor Mißverständniß. Wer oft unverstanden geblieben ist, wer lieblos gedeutet und entstellt wurde, der greift in die große Vorrathskammer der Sprache tiefer, als seiner Originalität gut ist. Die Flickwörter »ja,« »wol,« »freilich,« »nämlich« lösen den klarsten Denkproceß und festesten Periodenbau in eitel Unentschiedenheit auf.

Jemand hat der Poesie des Tages vorgeworfen, daß sie bei weitem hinter den gegenwärtigen großen Leistungen der bildenden Kunst zurückgeblieben wäre; wo wären, fragt er, in unsrer gleichzeitigen deutschen Poesie nur allein die Parallelen zu Rauch, Cornelius, Overbeck, Veit, Lessing, Kaulbach. Rietschel u.s.w.? Wir erwiedern, daß es richtig sein mag, das klassische Zeitalter der deutschen Kunst für später gekommen anzunehmen, als unsere classische Literatur kam. Aber man vergesse Eines nicht! Wenn die deutsche Literatur zur Herstellung ihrer Schöpfungen noch eine andere technische Fertigkeit, die man sich handwerksmäßig erwirbt, in Mitthätigkeit versehen könnte, eine andere als die, nur mit der Feder auf weißes Papier zu schreiben, so würde sie in dem Falle, daß schon allein diese Fertigkeit dem nächsten so außerordentlich bestechenden Effekt der Maler und Bildhauer gleichkäme, hinter den genannten Erscheinungen nicht zurückbleiben, ja sie vielleicht übertreffen.

Dichter und Künstler, kümmert euch doch nicht um die Weisheit der Aesthetik! Gleicht der Spinne! Diese klettert bereits an den Fäden hinauf, die sie sich eben erst aus ihrem Körper spinnt. Indem sie spinnt, macht sie sich selbst ihre Leiter, um weiter zu klimmen, und die Wanderspinne baut sich sogar ihren eignen Wolkenwagen, indem sie schon drauf fährt.

Dreihundert Soldaten, las ich kürzlich, für den König von Preußen weniger und die Mittel wären da, eine Akademie für Dichter und große Stylisten zu begründen. Auf den Gedanken einer Akademie sollte man in unserm Jahrhundert nur noch kommen, um in anständiger Form den Genius vor Mangel zu beschützen.

Für sein erstes Werk ist der Schaffende selten ehrgeizig, erst für sein zweites.

Künstler nenn' ich den, der dem vom Nachdenken Erfundenen, ja demjenigen, das schwer und mühsam den Erwägungen über das hier Bessere, dort Notwendigere oder Nützlichere abgerungen wurde, den leichten Schein des Natürlichen und sich wie von selbst Verstehenden zu geben weiß.

Es ist traurig, für wieviel gelehrten Hochmuth und Dünkel der Name Goethe's als Beschönigung dienen muß.

Wenn ihr Musiker der Zukunft doch nicht glauben wolltet, daß es die Musik veredelte, wenn sie sich dem Wort gleichsam als Seele und Blüthe desselben entschwingt oder sich als bunter Schmetterling nach kurzem freien Flatterfluge immer wieder auf dem Worte niederläßt! Nur in der weitesten Entfernung vom Wort liegt das Reich der Töne. Was der Ton sagt, muß ein in Worten Unaussprechliches sein. Findet doch euern Ruhm in solchen absoluten Tonfreudigkeitsausbrüchen, denen selbst ein Shakspeare, ein Goethe nur ohnmächtig nachzustammeln vermöchten!

Die Anlage der Deutschen zur Dichtkunst beruht auf keinem Uebermaß von Phantasie, sondern nur auf der uns eigenen Vermählung des Gedankens mit dem Gemüth.

Wenn im Drama Leidenschaft, Irrthum und dunkles Geschick die schreiendsten Dissonanzen zu einem Chaos gehäuft haben, so bildet allein der Tod den versöhnenden Schlußakkord. Bestreitet der Witz und die Weichlichkeit unsrer Zeit diese Lehre, so ist sie doch die in uns tief begründete. Kein Gedicht, das tragische Conflicte ohne den Tod oder durch etwas, was dem Tode gleichkommt, löste, wird sich erhalten.

Man hat Goethe vorgeworfen, daß er sich in seinen alten Tagen mit Mittelmäßigkeiten umgab. Aber man kann in der That keinem bedeutenden Menschen verdenken, wenn er zuletzt in dem Werben um die Zustimmung der ihm Gleichstehenden müde wird und sich die Huldigung derer genügen läßt, die ihm vollständig neidlos und gern das zugestehen, was er sich in Ehren erworben hat.

Niemand braucht mehr gelehrte Ausdrücke als der Halbwisser. Während sich der Forscher in der Fülle seiner Kenntnisse behaglich ergeht und oft mit seinem Stoff, ihn gründlich handhabend, zu spielen scheint, hält sich der Dilettant mit Wohlgefallen an das Wenige, das er weiß, und kann es nicht hoch genug hinaufschrauben und dunkel genug dem Laien verhüllen. Daher kommt es, daß eine wahrhaft populäre und allgemein faßliche Darstellung seiner Wissenschaft immer auch nur dem Meister gelingt.

Man beurtheilt den wahren Werth eines Schriftstellers nicht nach den gerade von ihm vorliegenden Leistungen! Selten geben die meisten Autoren das, was sie wollten, seltener noch das, was sie können: sie geben in der Regel nur das, was sie um dieses oder jenes Zweckes willen geben müssen. Nichts ist z. B. zwingender und für den Autor beeinträchtigender als ein einmal gewählter Stoff.

Um in Deutschland mit einem guten Werk durchzudringen, muß man hintennach ein mißlungenes schreiben. Dann erst wird das vorangegangene erkannt.

Ganz gewürdigt könnte ein großer Geist im Grunde doch nur immer durch sich selbst werden.

Geweckt wird der Genius durch die Noth, aber nur das Behagen erhält ihn.

Der Genius soll auch persönlich in seinem ganzen Wesen und Benehmen für die Welt die Feiertagsstimmung des Lebens ausdrücken.

Von den vielen Formen eines halben Wahnsinns ist der Dichterwahn schon der allerpeinlichste.

Gespräche sollen in der Erzählung nur zur Belebung und Darstellung der Handlung dienen. Dienen sie auch noch zur Charakteristik der Personen, so werden sie langweilig.

Am Kunstwerk stört jede noch so schöne Ausschmückung, die nicht folgerichtig aus dem Gliederbau des Ganzen hervorging.

Das Reiferwerden des Schriftstellers mit den Jahren liegt nicht immer in der Entfaltung neuer Fähigkeiten, sondern in seiner zunehmenden Selbstkritik, besonders aber in der Ausbildung eines feinen Vorahnungsgefühls für Mißdeutungen, denen er mit größerer Besonnenheit vorzubauen lernt.

Diese Reckenpoeten – ! Sie pflanzen Eichbäume in irdene Scherben.

Kann man der Menge nur überhaupt beikommen und sie zum Lesen, zum Anschauen zwingen, so ist sie vom Mäßigen schon über Erwarten entzückt.

Wer uns als »Realist« unter die Blaufärber und Lohgerber einführt und sich etwas darauf zu Gute thut, sie in ihrem ganzen Thun und Handeln, in ihrer Hantierung am Farbentopf und in der Lohgrube zu schildern, der darf an ihnen nichts idealisiren, weder Inneres noch Aeußeres.

»Was beweist das –?« soll der Mathematiker Condorcet gefragt haben, als er Racine's »Phädra« sah. So nüchtern diese Frage auch klingt, die Aesthetik kann ihr eine gewisse Berechtigung nicht absprechen.

Roman nennt man die Entwicklung von Menschenschicksalen durch Bedingungen universeller Natur. Solche Bedingungen sind die Geschichte, die Sitten eines Landes, die Sitten einer Zeit, die Stimmungen einer Zeit, die Voraussetzungen der Religion, der Philosophie, der Kunst oder eines ganzen Standes, einer Familie. Die Novelle ist die Entwicklung von Menschenschicksalen durch Bedingungen partikulärer Natur. Hier steht der Geschichte die Chronik gegenüber, den Sitten des Landes die Sitten eines Orts, den Sitten einer Zeit einzelne Moden, den Stimmungen einer Zeit eine akute Krankheit derselben, den Voraussetzungen der allgemeinen Wissenschaft irgend etwas Besonderes an ihnen, z. B. aus dem Gelehrten- oder Künstlerleben. Die Novelle beruht, was das Schicksal und die Führung unseres Erdenlebens anlangt, auf dem Zufall. Die Laune des Zufalls ist ihre wesentliche Triebfeder und, mechanisch gesprochen, ihre Unruhe. Es kann nur Kunstromane geben, es gibt Künstlernovellen. Es gibt Sittenromane, aber es gibt nur Dorfnovellen. Die einfache »Erzählung,« um auch diese dritte Gattung zu erwähnen, ist die Entwicklung von Menschenschicksalen durch die Bedingungen ihrer selbst. Sie schließt die Nebenbedingung, irgend etwas Universelles oder noch etwas Partikuläres besonders zur Anschauung zu bringen, aus. Sie beruht auf ihren eigenen Voraussetzungen und nähert sich deßhalb am meisten dem Drama. Aus Romanen und Novellen ein Drama zu schaffen, ist gefährlich und beinahe unmöglich. Die Erzählung aber ist schon an und für sich selbst ein objektiv berichtetes Drama. Der Roman und die Novelle stehen höher als die Erzählung, denn sie lassen keine andere als eine künstlerische Leistung zu, während die Erzählung nur die Merkmale der Glaubwürdigkeit und Folgerichtigkeit an sich zu tragen hat. Vorzugsweise die schwierigste Form ist die Novelle. Da in ihr der Zufall nicht blind walten darf, sondern nur das als Zufall den betheiligten handelnden Personen zu erscheinen hat, was im höheren Sinne doch Verhängniß ist, so kann ihre Aufgabe nur durch Humor gelöst werden, diese höchste Gabe des dichterischen Schaffens, die selbst bedeutenden Dichtern nur spärlich verliehen war.

Wer Novellen schreiben will, muß zuvörderst die Anschauung irgend einer anekdotisch auffallenden Widersinnigkeit haben, einer erschütternden Zufallsbegegnung im ernsten Genre, einer anmutig-komischen im heitern. Um dies Faktum herum ist dann der Faden der Entwicklung anzulegen und das im Zusammenhang Sinnige aus dem vereinzelt Widersinnigen einschmeichelnd und überzeugend darzustellen. Ohne Zweifel hat Tieck seine Novellen so gearbeitet.

Gerade deßhalb, weil es mit dem Verse in unserer gebildeten Zeit eine nicht allzu schwere Sache ist, hat man darauf zu achten, daß nicht der Dichter Berechtigung hat, vor dem Publikum zu erscheinen, sondern das Gedicht. Letzteres ist die feste, sicher umgrenzte Gestaltung einer Thatsache, die nur das ist, was sie sein will, und weder einer Einleitung noch eines Anfangs bedarf, weder einen Uebergang bildet zu Nachfolgendem, noch auch selbst das Nachklingen eines Vorangegangenen ist. Dies scharfe und allein wahrhaft objektive Resultate verbürgende Hervortreten einzelner Gedichte, die gleichsam nur die gesammelten Errungenschaften glücklicher und darum seltener Stunden der Weihe sind, vermissen wir bei Dichtern, wo man die Vorstellung nicht unterdrücken kann, daß ihre Arbeiten Ergebnisse eines mit der Hand auf dem Papier festgehaltenen Dichterseinwollens sind.

Unsere Epoche steht auf dem Standpunkt der Reflexion. Die Reflexion ist an sich unpoetisch. Doch kann sie poetisch werden, wenn sie sich in ihre Bestandtheile auflöst und ihr Gegenüber, ihre Vorder- und Nachsätze, ihre Ursachen und Wirkungen zur Erscheinung bringt. Die »Poesie des Gedankens« ist die individuelle Genesis des Gedankens, der im Gemüth noch einmal vollzogene oder geprüfte dialektische Proceß. Daher die moderne Schilderung der Seelenzustände, die Analyse der Gegensätze des Lebens, die Widerspiegelung der Literatur in der Literatur, des Gedankens im Denker selbst, der Phantasmen im Dichter, der Ueberzeugungen im Märtyrer. Keine Zeit war so berechtigt, wie die unsrige, die Geschichte des Genius poetisch zu erfassen und die Literatur selbst zum Gegenstand der Literatur zu machen.

Den Roman des »Nebeneinander,« den ich aufgestellt habe, wird man verstehen, wenn man sich aus einem Bilderbuch die Durchschnittszeichnungen eines Bergwerks, eines Kriegsschiffs, einer Fabrik vergegenwärtigt. Wie da das neben einander existirende Leben von hundert Kammern und Kämmerchen, wo eine von der andern keine Kenntniß hat, doch zu einer überschauten Einheit sichtbar wird, so wird der Roman des »Nebeneinander« den Einblick gewähren von hundert sich kaum berührenden und doch von einem einzigen großen Pulsschlag des Lebens ergriffenen Existenzen. Eine Betrachtungsweise, wo ein Dasein unbewußt die Schale oder der Kern des andern wird, jede Freude von einem Schmerz benachbart ist, von einem Schmerz, der über das, was jene himmelhoch erhebt, seinerseits tief zu Boden gedrückt sein kann und wo andererseits eine Unbill auch schon wieder unbewußt den Rächer auf den Fersen hat, wird den Roman noch mehr als früher zum Spiegel des Lebens machen. Dem »socialen Roman« ist das Leben ein Concert, wo der Autor alle Stimmen und Instrumente zu gleicher Zeit, sie in- und nebeneinander vereinend, spielt oder leitet. Wiedergeben läßt es sich mit der Feder nur in der Form des Nacheinander, aber auf die Anschauung kommt es an. Ist diese so viel als möglich nach allen Lebensäußerungen zugleich gerichtet und könnte man hoffen, daß diese von einem großen Hintergrund ausgehende Romanform in manche Dissonanz Wohlklang, in manche Verzweiflung Trost, in manches unbefriedigte und unlösliche Einzelne einen beruhigend lösenden Widerklang aus Sphären bringt, die mit dem nächst Geschilderten in einen sichtlichen Zusammenhang zu bringen unnatürlich erscheinen müßte, so wäre man vorläufig wenigstens da wieder angekommen, wo die Poesie überhaupt stehen soll, daß der Dichter Seher ist, die Poesie Religion.

Idealismus – Realismus – ! Man hat gegenwärtig eine sich realistisch ausdehnende Literatur, d, h. man hat die Ideen, Abstraktionen, die Träume von Glauben, Wissen, Denken, Fühlen u. s. w. aufgegeben und daguerreotypirt die Wirklichkeit. Manche thun dies ganz roh. Diesen bricht wol jedes Forum, auch das realistische, den Stab. Irgend einen Zweck, eine Idee, eine Zuspitzung muß auch die Beobachtung und Schilderung des Getreidesäens oder der Schafzucht oder der doppelten Buchhaltung haben. Aber darüber könnten zuletzt Alle einverstanden sein, daß der ganze Streit insofern ein müßiger ist, als wahrlich vernünftigerweise keine noch so neue Theorie etwas Anderes wollen kann und wird, als einen Idealismus, der sich real, d. h. auf Voraussetzungen der Natürlichkeit und Wirklichkeit, zu offenbaren und auszusprechen hat, und einen Realismus, der seine Anschauung des Lebens und der bunten Erscheinungswelt zum Kunstwerk zu concentriren sucht.

Vom dichterischen Standpunkt aus können Idealismus und Realismus verschiedene Wirkungen hervorbringen, doch in ihrem Werth vor dem Musenhof sind sich beide in dem Falle gleich, daß entweder zur Seele die rechten Glieder oder zu den Gliedern die rechte Seele kam.

Verwerflich ist die Zwittergattung, die ein Stück vom Idealismus und ein Stück vom Realismus ist. Idealisiren darf der Künstler, aber er darf es nur in so weit, als dadurch dem Realen kein Abbruch geschieht in dem, was für seine Wesenheit nothwendig ist.

Einem idealistischen Dichter läßt man es hingehen, wenn er schreibt: »Die Saaten blühten, die Lerche stieg wirbelnd auf, Lust und Freude wehten über Feld und Flur!« Es ist einfach empfunden, wenn auch nur so obenhin gesagt. Ist nur sein übriges Herz und was er schildert in Ordnung, so ist es wunderlich, wenn der Realist, der zufällig auf dem Lande geboren wurde, kommen wollte und ihn fragen: »Kannst du aber auch Gerste von Hafer unterscheiden? Weißt du, wie die Lerchen des Morgens und wie sie des Abends singen?« Da müßte ihm jeder sogleich erwiedern: »Wie aber dreht der Töpfer die Drehscheibe? Wie viel Procent Sauerteig nimmt der Bäcker in die verschiedenen Brodsorten?«

»Publikum,« wie altfränkisch erscheinst du noch unserm Geschlecht! Publikum, das ist so ein alter Vetter in chokoladefarbenem Leibrock, mit langen Schößen, einem gebrannten Jabot über der langen, bis über den Nabel gehenden Weste, hirschledernen Handschuhen, appetitlicher Wäsche und etwas steifen und pedantischen Manieren. Publikum, du abgesetzte Größe aus dem altfränkischen Zeitalter, geh in die Rumpelkammer und setz dich neben einen ausgestopften General aus dem Siebenjährigen Kriege oder ein altes Kostümbild aus den Zeiten Maria Theresiens! Die Kunst, Literatur, Wissenschaft existirt jetzt nur noch für das »Volk.« Das »Volk,« eine große imposante Amazone mit der Mauerkrone auf dem Haupt, hat das kleine Männchen »Publikum« verbannt, ihm höchstens eine der Falten ihrer bauschigen Gewänder zum Schutz angewiesen, wo es mit der Brille Bücher in Ganzfranzbänden studieren und dann und wann zur Herzstärkung eine Prise nehmen kann.

»Volksliteratur« kann zweierlei bedeuten: Büchlein, kommst du vom Volke? Oder: Büchlein, gehst du zum Volke– ?

Kommst du vom Volke, so bringst du uns wol die genauste Kunde mit, wie es unter dem Dach der Armuth, hintern Pfluge und auf dem Heuboden, am Werkstattstisch, in der Dachkammer, da wo die Gesellen und die Lehrlinge, nicht weit ab von der Regentraufe, schlafen, aussieht. Diese Bücher haben wir gewiß Alle gern, wenn sie Wahrheit bringen, dem Leben abgelauscht sind, ein gutes, sanftes und höchstens einmal zur Förderung des Guten ein wenig zorniges Herz verrathen. Diese von unten kommenden Bücher und Lebensbilder sind uns so willkommen, daß wir sie gerade noch immer höher und höher in der Gunst steigen sehen möchten. Auf seidnen Polstern, auf sammtnen Divans, unter leuchtenden Kerzen hat man schon die vornehmsten Damen über deine Gedanken hinterm Pfluge, ehrlicher Bauer, deine Gedanken auf dem Heuboden, brummischer Knecht, deine Gedanken hinter der Drechselbank, lustiger Gesell, und deine – falls du nicht schnarchst – Gedanken unter der Dachkammer bei der Regentraufe, drolliger Lehrjunge, lachen, weinen gesehen und euer Elend, euer Glück, euere Poesie und euere Prosa las sich gedruckt allerliebst in den zarten, weißen, durchsichtigen Fingerchen mit den blitzenden Diamantringen und den langen, gepflegten, chinesischen Nägeln. Ja sogar höchst verdorbene ästhetische Mägen, Mägen, die an einem ewigen kritischen Sodbrennen litten, haben sich durch die einfache, ländliche oder kleinstädtische Kost dieser Lectüre wieder erholt und all die Unverdaulichkeit überwunden, die bei ihnen die Trüffelpasteten- und Mixed-Pickles-Literatur des Salons zurück gelassen.

Nun aber die Bücher, die *zum* Volke zurück gehen sollen!

Darf ich da ein Geheimniß verrathen? Es besteht einfach darin, daß sich die Menschen, die wir »Volk« nennen, eigentlich doch weit mehr geehrt sehen, wenn man sie wieder in Blutsverwandtschaft mit dem alten Vetter Publikum bringt. Der Trieb, sich zu bilden, ist so allgemein noch nicht. Die Volksliteratur sollte da erst anfangen, wo die brütende Nacht der allgemeinen geistigen Blindheit aufhört, da, wo ein Arbeiter, ein Handwerker, ein Ackersmann, Jäger, Schiffer – wer nennt die Millionen Wege, die uns durchs Leben führen müssen – die Augen aufschlägt und emporsehen will, um auch an den Sternen sein Hoffen zu befestigen, auch die treibende Macht des Denkens für sich zu erproben. Für diesen Trieb zu schreiben, sollte dem Autor Freude machen.

Und *wie* sollst du dann schreiben?

Erinnere dich einer Abendeinkehr im »Goldnen Einhorn« oder im »Silbernen Mond« eines kleinen Städtchens auf der Reise. Da sitzen in der Wirthsstube Menschen meilenweit entfernt von der großen

Heerstraße der Ereignisse. Sie lesen, was die große Welt schon vergessen hat, sie zanken sich über die einzige Zeitung, die sie halten können, sie discouriren über Krieg und Frieden, die Heuernte und die Kartoffelkrankheit, über den Kometen, über ein Eisenbahnunglück, vielleicht gar noch über das von Versailles. Ein gebrummtes Danke! begrüßt dich beim Eintritt für deinen »Guten Abend.« Nun denke dir, du wolltest dich in diesem Städtlein wählen lassen zu einer Ersten oder Zweiten unserer königlichen oder großherzoglichen Ständekammern, wie würdest du wol den Mund aufthun und deine Weisheit nicht unter dem Scheffel lassen – ? Glücklicher Autor, es handelt sich jetzt nicht um Wählen und Gewähltwerden, Steuernbewilligen und Steuernverweigern, es handelt sich nur darum, daß du reden und schreiben sollst, um in einem solchen Kreise überhaupt verstanden zu werden.

Ist es nicht eine traurige Thatsache, daß in keiner Kunst so viel Rivalität stattfindet wie in der Musik? Kann man nicht die beste Oper zu Grunde richten, wenn man schon bei den Proben nicht freundlich und entgegenkommend ihre Schwierigkeiten erklimmt, ihre Mängel und Sonderbarkeiten mit einem Lächeln vor den Orchestermitgliedern und den Sängern als eine »Concession an den Genius« behandeln und ausführen läßt und bei der Vorstellung Abends sich selbst schlaff und ungläubig zeigt? Es gibt ein gewisses: »Ich werde mit der unbefangensten Hingebung diesen Gegenstand befördern!« das den Gegenstand, statt zu befördern im Keime erstickt. Wenn sich in Deutschland so wenig Talent für einheimische Oper entwickelt, liegt es an Diesem und Jenem, am meisten an unsern Kapellmeistern.

Den »Don Quixote« des Cervantes liest man wol jetzt noch in seinen ersten Kapiteln mit steigendem Interesse, in der Mitte schon etwas langsamer, ganz bis zu Ende wol noch schwerlich. Es mag daher Vielen dasjenige neu sein, was man im »Don Quixote« schon über Literatur und Buchhandel zur Zeit des Cervantes zu lesen bekommen kann, während es klingt, als hätte es ein Autor unserer Tage geschrieben. Im 62. Kapitel besucht Don Quixote eine Buchdruckerei, nähert sich einem Setzerkasten und läßt sich in ein Gespräch mit anwesenden Schriftstellern, Uebersetzern und Buchhändlern ein. »Ich bitte Euch,« sagt er zu einem Schriftsteller, »wird das Buch da auf Eure Kosten gedruckt oder habt Ihr vielleicht das

Verlagsrecht an einen Buchhändler verkauft?« – »Der Druck geschieht auf meine Rechnung,« erwiderte der Befragte, »und ich denke, an dieser ersten Auflage wenigstens 1000 Dukaten zu gewinnen. Sie wird 2000 Exemplare stark, welche, zu sechs Realen das Exemplar, im Nu vergriffen sein werden.« – »Euer Gnaden scheint mir die Rechnung ohne den Wirth gemacht zu haben,« entgegnete Don Quixote! »man sieht wohl, daß Ihr mit den Berechnungen der Buchhändler und mit ihrem Verkehr unter einander nicht sehr bekannt seid. Ich sage Euch zum Voraus, wenn sie sehen, daß Ihr 2000 Exemplare von einem Buch auf dem Halse habt, so werden sie Euch so drücken und die Exemplare so wohlfeil verlangen, daß Euch angst und bang wird, zumal wenn das Werk wenig Salz hat und nicht viel werth ist.« – »Wie,« versetzte der Autor, »Ihr wollt, daß ich es an einen Buchhändler verhandle, der mir drei Pfennige für den Bogen gibt und erst noch glaubt mir damit eine große Gnade erzeigt zu haben? Nein! Ich lasse meine Bücher nicht drucken, um mir einen Namen zu machen; denn ich bin, Gott sei Dank, durch meine früheren Werke berühmt genug. Geld ist es, was ich jetzt suche, denn ohne dieses ist der Ruhm keinen Heller werth.«

Es gibt eine Geckerei des Geistes, die sich mit dem lächerlichen Effekthaschen vergleichen läßt, das klein gewachsenen Leuten von reizbarer Eitelkeit eigen ist. Wie diese stundenlang vorm Spiegel stehen können, ihr Halstuch ordnen, ihre Füßchen vorstrecken und bei jeder Erinnerung an ihre Figur, die gegen Wuchs und Erscheinen Anderer im Rückstand geblieben ist, in einen kollerartigen Zorn gerathen, so ist es auch einem an Wuchs zu kurz gekommenen, sonst vielleicht lebhaften Geist eigen, sich in selbstgefälliger Phrase zu ergehen, sich von keines Andern Art imponiren zu lassen und an die eigenthümlichsten Erscheinungen mit der Miene heranzutreten, als stünde er mit ihnen auf einer und derselben Linie. Hülfsmittel, um einen von Hause aus nur kleinen Geist in die Höhe zu recken, gibt es ja genug. Man macht sich zum Vertheidiger positiver, machtbegabter Dinge, die vor jeder Neuerung einen Vorsprung voraushaben, man schließt sich bald an eine imposante Majorität, bald an eine vornehmthuende Minorität an. Vor allem aber unterstützt man sein Raisonnement durch die oft leider nicht wegzuläugnende Thatsache, daß das, was der originelle Kopf versuchte, erfolglos war.

Schönheit der Prosa beruht so gut auf rhythmischen Gesetzen, wie die Schönheit des Versbaues. Können wir über eine prosaische Rede, um die Länge und Kürze der darin gebrauchten Worte zu bezeichnen, häufige Jambenzeichen (u -), Tribrachyszeichen (u u u), Päonquartuszeichen (u u u -) und wol gar das Zeichen des Proceleusmaticus (u u u u) setzen, so fehlt jede schöne Continuität, die Sätze zerbröckeln in ein loses Geröll und von angenehmer Klangwirkung ist nicht die Rede. Die Schönheit der Prosa beruht auf einer durchgehend anapästischen Bewegung, zwei Kürzen als Auftakt, dann eine Länge (u u -), zwischendurch wenig Jamben und viel Choriamben (- u u -). Man vergleiche nur den Rhythmus der Prosa, die man schreibt, mit dem Rhythmus derjenigen, die man diktirt. In letzterer zeigt sich, daß wir, wenn wir sprechen, von selbst dem Genius der Sprache huldigen, der für ein wohllautendes Abwechseln zwischen langen und kurzen Silben einen uns ganz unbewußten Trieb hat.

Zu denjenigen Gemeinplätzen, die man täglich wiederholen hört, muß man gewisse Unterscheidungen zwischen Genie und Talent rechnen, Unterscheidungen, die von den Einflüssen des Dilettantismus herrühren, der leider zu allen Zeiten, während die berufenen Geister schufen, die Theorie ihres Schaffens bestimmen wollte. Der Dilettantismus ist entweder unendlich anmaßend oder unendlich zerflossen. Anmaßender Dilettantismus hat die Lehre vom Genie aufgebracht, dem leider das Talent fehlen sollte, gewöhnlich also – er selbst. Zerfließender Dilettantismus will in Allem, was das Talent hervorbringt, den Funken des Genies vermissen. Das Wahre an dem ganzen Gegensatz zwischen Genie und Talent ist, daß es nie ein Genie ohne Talent und nie ein Talent, das den Namen verdient, ohne Genie gegeben hat. Die eigentlichen Werthbestimmungen des geistigen Vermögens und artistischen Schaffens liegen nur im Grade, nur in der Weihe, nur in der erreichten Vollendung dessen, was man geben will, aber nicht in einer von jenseits hergeholten Urverschiedenheit zwischen Genie und Talent. Das Genie ist das schöpferische Talent in seiner höchsten Potenz. Die Bezeichnungen geringer Potenzen des Talentes mit dem Namen Genie, wo dem Schwunge nur die rechte Anlage und Ausbildung fehlen solle, ist eine Erfindung eben jener Dilettanten, die das wahre Können und Vermögen in allerhand Rubriken und Etagen deßhalb vertheilen müssen, um dabei immer auch noch für sich selbst ein Plätzchen zu gewinnen. Shakespeare war ohne Zweifel Talent und Genie zu gleicher Zeit, doch würde man seit hundert Jahren weit besser gethan haben, mehr sein Talent hervorzuheben als sein Genie. Die absolute Talentlosigkeit würde dann einer zufällig nicht mit Talent begabten Geniehaftigkeit, die aber eben auch keine ist, nicht so viel Feld eingeräumt haben in unserer Literaturgeschichte und unserer noch täglich grassirenden Dilettantenkritik. Was war denn Kotzebue? Unsere überschwängliche Phrasenmacherei sagt: Ein großes Talent! Aber gerade im Gegentheil! Kotzebue war, im Sprachgebrauch dieser Talent- und Genieunterscheidungen, ein Genie, jedoch im edlen und rechten Sinne des Wortes nur ein mäßiges Talent. In unsern kritischen Aburtheilungen hat man zu sehr die natürlichen Unterscheidungen von Genie und Talent unter einander geworfen, wie noch viele Beispiele beweisen würden. Will man Genie vorzugsweise einen prädestinirten, gleichsam von der Natur bestimmten Epochemacher, also einen wohlthätigen Genius im Leben der Menschen nennen, dann wäre gegen diesen Ausdruck nichts einzuwenden. Nur muß man dann auch zugleich hinzufügen, daß es doch immer erst die Zeit gewesen ist, die allmählig irgend ein in seinen Schöpfungen eminentes Talent zum epochemachenden Genius erhoben hat und daß es große Talente gab, die nur durch Umstände, deren Erörterung hier zu weit führen würde, nicht in die Lage kamen, der Durchgangspunkt geschichtlicher Zufälligkeiten zu werden und sie zu Trägern einer Epoche zu machen, d. h. zu sogenannten »bahnbrechenden Genies.« Oft kommen im gewöhnlichen Leben und in der Kritik Fälle vor, wo man glauben möchte, man sähe das Genie nur da, wo zufällig mit dem Talent ein heißblütiges, sanguinisches Temperament verbunden ist. Ihr armen Verständigen und Besonnenen dann! Mancher hat deßwegen auch schon wirklich Schiller ein Genie und Goethe nur ein Talent genannt.

Es lebe, so sprach ich vor längeren Jahren in einem gesellschaftlichen Kreise am Todestage Schillers, den neunten Mai, es lebe ein Mann, den ich mit Namen nicht zu nennen weiß! Es lebe ein Unbekannter, ein räthselhaft Namenloser, von dem ich, um ihn kenntlich zu machen, nichts zu sagen vermag, als daß er einmal irgendwo aufgetaucht ist an einem bestimmten Ort, bei einem bestimmten Anlaß, gehüllt in einen Mantel, den Hut tief in die Augen gedrückt, bei einer Huldigung der Liebe und des Schmerzes anwesend war und dann spurlos wieder verschwand – !

Als Friedrich Schiller in die Gruft gesenkt wurde – die nähern Umstände seiner Bestattung sind Gegenstand einer ganzen Literatur geworden – da folgte dem Sarge in nächtlicher Weile nur eine geringe Anzahl von Leidtragenden, deren Namen man verzeichnet hat. Schlichte Bürger sind es gewesen, mittlere Beamte. Man hat aus Schmerz um die geringen Ehren, die man damals dem großen Todten widmete, deren Namen wie in Erz verzeichnet gleich alten Griechen oder Römern, die sich bei einer Waffenthat opferten. Denn ein Opfer mußte man allerdings die Begleitung zu einer Zeit nennen, wo in Weimar eine ansteckende Krankheit herrschte. Von Perikles' Tod an bis in die Tage der Cholera kennt man die Wirkung der Epidemieen auf die öffentliche Stimmung. Zu dem kleinen Gefolge gesellte sich, als der Zug auf den Platz bei der Stiftskirche einbog, ein Unbekannter, folgte dem Sarge tiefverhüllt und verschwand nach Vollzug der feierlichen Beisetzung. Sonst schloß sich Niemand an. Alles schlief, als die Fackel dem Zuge voranleuchtete. Kein Sängerchor, keine Marschallstäbe gingen dem Trauerzuge voran, kein Zudrang des Volks beschloß ihn; zwanzig Männer, deren Namen man kennt, und – ein einziger Unbekannter!

Oft schon schlug deutschen Herzen in Ahnungswonne die Brust bei dem Gedanken: *das war Goethe!* Die Dichter des kurzen Augustéischen Zeitalters unserer Literatur haben uns selbst das Recht gegeben, mit einer noch höheren Hoffnung die Ahnung zu wagen: *das war Karl August!* Bande des Bluts, vermuthet man jetzt, waren es, die den unbekannten Leidträger an den dahin gegangenen Unsterblichen fesselten, und man nannte den Officier *Karl von Wolzogen* ....

Laßt uns sagen: Es war der Genius des deutschen Volks, der in irdischer Gestalt dem Liebling der Nation die letzte Ehre erwies für uns Alle! Es lebe der verhüllte Träger einer Jahrhundertspflicht – der stumme Vollstrecker einer Volkshuldigung – der Vertreter des Geniencultus – der geheime »Wissende« einer andern Vehme, der Vehme für die Unterlassungssünden, die sich die Menschheit für ihre Priester und Propheten nur zu oft zu schulden kommen läßt, der Unbekannte von Weimars Stiftskirche!

Nur diejenigen Standbilder rühren und erheben uns, an deren Sockel wir die Inschrift zu lesen glauben: Geweiht dem unermüdlichen Geiste, der immer neu schaffend, nimmer beim Geleisteten lange verweilend, in den Tagen, da er lebte, nicht die Muße und das Glück hat finden können, im Bereich seiner Schöpfungen auszuruhen und zu vernehmen, wie geliebt sie sind und wie bewundert!

Über tredition

Eigenes Buch veröffentlichen

tredition wurde 2006 in Hamburg gegründet und hat seither mehrere tausend Buchtitel veröffentlicht. Autoren veröffentlichen in wenigen leichten Schritten gedruckte Bücher, e-Books und audio-Books. tredition hat das Ziel, die beste und fairste Veröffentlichungsmöglichkeit für Autoren zu bieten.

tredition wurde mit der Erkenntnis gegründet, dass nur etwa jedes 200. bei Verlagen eingereichte Manuskript veröffentlicht wird. Dabei hat jedes Buch seinen Markt, also seine Leser. tredition sorgt dafür, dass für jedes Buch die Leserschaft auch erreicht wird.

Im einzigartigen Literatur-Netzwerk von tredition bieten zahlreiche Literatur-Partner (das sind Lektoren, Übersetzer, Hörbuchsprecher und Illustratoren) ihre Dienstleistung an, um Manuskripte zu verbessern oder die Vielfalt zu erhöhen. Autoren vereinbaren direkt mit den Literatur-Partnern die Konditionen ihrer Zusammenarbeit und partizipieren gemeinsam am Erfolg des Buches.

Das gesamte Verlagsprogramm von tredition ist bei allen stationären Buchhandlungen und Online-Buchhändlern wie z. B. Amazon erhältlich. e-Books stehen bei den führenden Online-Portalen (z. B. iBookstore von Apple oder Kindle von Amazon) zum Verkauf.

Einfach leicht ein Buch veröffentlichen: **www.tredition.de**

Eigene Buchreihe oder eigenen Verlag gründen

Seit 2009 bietet tredition sein Verlagskonzept auch als sogenanntes "White-Label" an. Das bedeutet, dass andere Unternehmen, Institutionen und Personen risikofrei und unkompliziert selbst zum Herausgeber von Büchern und Buchreihen unter eigener Marke werden können. tredition übernimmt dabei das komplette Herstellungs- und Distributionsrisiko.

Zahlreiche Zeitschriften-, Zeitungs- und Buchverlage, Universitäten, Forschungseinrichtungen u.v.m. nutzen diese Dienstleistung von tredition, um unter eigener Marke ohne Risiko Bücher zu verlegen.

Alle Informationen im Internet: **www.tredition.de/fuer-verlage**

tredition wurde mit mehreren Innovationspreisen ausgezeichnet, u. a. mit dem Webfuture Award und dem Innovationspreis der Buch Digitale.

tredition ist Mitglied im Börsenverein des Deutschen Buchhandels.

Dieses Werk elektronisch lesen

Dieses Werk ist Teil der Gutenberg-DE Edition DVD. Diese enthält das komplette Archiv des Projekt Gutenberg-DE. Die DVD ist im Internet erhältlich auf **http://gutenbergshop.abc.de**

Zeitfracht Medien GmbH
Ferdinand-Jühlke-Straße 7
99095 Erfurt, Deutschland
produktsicherheit@kolibri360.de